田島泰彦＋MIC《日本マスコミ文化情報労組会議》＋出版労連●編

ジャーナリストが危ない

表現の自由を脅かす
高額《口封じ》訴訟

花伝社

目次

はじめに――ブックレットの趣旨

ヒットチャートで知られるオリコンが、二〇〇六年一一月に烏賀陽弘道氏を名誉毀損で東京地裁に提訴した。月刊誌『サイゾー』編集部が、烏賀陽氏に取材、執筆した記事に事実誤認があるとして、出版社でも編集長でもなく、取材に応じたフリーランスが訴えられたことが異例であったが、請求された損害賠償額が五〇〇〇万円と聞いて驚きの声が広がった。

折しも烏賀陽氏が提訴される二ヵ月前の〇六年九月二二日には、大手消費者金融の武富士が『週刊金曜日』とフリージャーナリスト三宅勝久氏を名誉毀損で提訴した裁判の判決が出された。この事件は、三宅氏が『週刊金曜日』に書いたルポ「武富士の闇を暴く」が名誉毀損か否かが問われた。この裁判で東京地裁は、「表現の自由が民主主義体制の存立とその健全な発展のために必要とされ、最も尊重されるべき権利である」として、「言論、執筆活動を抑圧又は牽制するために訴訟を提起した行為は違法」と武富士と同社元会長を断罪する判決を下している。ちなみに武富士はフリージャーナリストの山岡俊介氏に対する盗聴事件でも、名誉毀損裁判を起こして敗訴している。

近年、言論・表現活動に関わる裁判で、フリーランスなど個人が対象とされ、しかも損害賠償額も高額化している。三宅氏や烏賀陽氏が加盟している日本出版労働組合連合会（出版労連）の出版ネッツ（編集者やカメラマンなどのフリーランスで構成する個人加盟組合）には、同様の経験をした組合員の報告が寄せられている。これは、単に出版関係のフリーランスに限らず、マスコミ産業で働く人たちに共通の問題意識となりつつある。

そこで、出版労連と日本マスコミ文化情報労組会議（ＭＩＣ、出版労連も構成団体）が、烏賀陽氏の裁判をメインにして、名誉毀損で高額の損害賠償を請求されているフリーランスの事例を集めて、実態や背景を学び合うために11・29シンポジウムを企画した。ＭＩＣは新聞、民放、印刷、広告や映画・演劇など、媒体は異なっていても憲法二一条で保障されている表現活動の自由を産業基盤と位置づけている労働組合組織であり、常にメディアをとりまく状況認識の共有化を必要としている。

個人情報保護法の制定をはじめメディア規制が強化され、改憲手続法が成立した時代にあって、フリーランスへの高額賠償訴訟の事例とその意味するところを、マスコミ産業に携わるものだけではなく、広く一般の市民の視点から考えてみるということをこのシンポジウムの目的とした。

11・29シンポジウムには、高額訴訟で提訴されている当事者の烏賀陽弘道氏、山田厚史氏、西岡研介氏、釜井英法弁護士（烏賀陽氏の代理人）をパネラーにお招きした。シンポジウムは田島泰彦が全体のコーディネートを担当し、田島からの問題提起も受けて、各パネラーからお話をいただいた。また、シンポジウムの企画確定後にキヤノンの御手洗冨士夫会長（日本経団連会長）から提訴された斎藤貴男氏も当日のシンポジウムに参加され、討論に加わっていただいた。各当事者からは裁判の現状や争点とあわせて表現者としての思いが出され、釜井弁護士からは現在の高額訴訟の実態や背景と問題点などについて法律家の立場からのお話をいただいた。

このシンポジウムをとおして浮き彫りになったのは、「裁判」という手段によって、フリージャーナリストに限らず、研究者の発表も市民の発言さえも場合によっては巨額の賠償請求をされる事態が進行しているということであった。裁判の勝ち負けに関係なく、訴えられただけで数百万円もの裁判費用の負担が課せられるのでは、公権力や企業の情報を取材・報道することも困難になるということも明らかになった。すでに表現活動の自由と新自由主義を背景にした企業活動の自由の激しいせめぎ合いが起きていて、その前線に立たされているのは、もはやマスコミの企業ではなくペンやカメラを頼りにしたフリーランスだといっても過言ではない状況だということであった。

出版労連やＭＩＣのホームページにシンポジウムの開催案内を掲示してから、マスコミや市民の方から問い合わせがあいつぎ、この問題に対する関心の高さをあらためて知らされたが、シンポジウムはこうした関心や期待を裏切ることがない、逆にそれだけ言論・出版・表現の自由が危機的な状況にさらされているということを証明した内容になった。当日はフリージャーナリストやマスコミの企業に籍を置く人たちも多数参加された。参加者からいただいたアンケートにも、このシンポジウムが時宜にかなった企画であるという感想が多く記せられていた。

そこで、シンポジウムを主催した出版労連とＭＩＣとして、表現活動に対する高額訴訟の実状と背景にあるものをより多くの方々に知っていただきたいと考えて、シンポジウムの記録を整理して参加者の了解を得たうえで、花伝社の協力を得てブックレットにまとめた次第である。ブックレットの構成では、シンポジウムの内容を第一部とし、第二部はシンポジウムが投げかける論点や課題をさらに掘り下げようと努め、参考資料として最近の高額判決のリストも付した。

名誉毀損裁判と高額化する損害賠償の問題は、表現活動に携わるものにとって死活を制するものであり、国民の知る権利に直結する課題といえる。シンポジウムの主催者として、現に争われている裁判事例をテーマにしたこのブックレットを多くの市民、とりわけマスコミ関係に携わる方々で働く人たちに読んでいただき、一緒に考えていただくことを願うものである。

編　者

第1部　高額《口封じ》訴訟と表現の自由

――11・29シンポジウムの記録

〈表現の自由を考える11・29シンポジウム〉
主催　日本マスコミ文化情報労組会議（MIC）＋日本出版労働組合連合会（出版労連）
日時　二〇〇七年一一月二九日
会場　東京都・豊島区立舞台芸術交流センター〈あうるすぽっと〉

開会あいさつ

［ＭＩＣ議長］嵯峨仁朗

「表現の自由を考える11・29シンポジウム」に参集いただきましてありがとうございます。「表現の自由・言論の自由」という言葉がこれほど軽くなった時代は無かったのではないかと、最近しみじみ感じております。のちほどお話しになられるパネリストの烏賀陽弘道さんの裁判もそうですし、また最近では、取材のスタイルをめぐっては別の議論がありますが、『僕はパパを殺すことに決めた』（草薙厚子著、講談社）の刊行について、公権力が情報提供者の鑑定医を堂々と捕まえてしまう、という事態がまかり通っています。

烏賀陽さんの裁判とは、ちょうど二〇〇六年の十一月に一フリーランサーの烏賀陽さんが月刊誌『サイゾー』の電話取材に答えたという、ただそれだけで五千万円の損害賠償をオリコンから訴えられたことです。オリコンは『サイゾー』というメディアそのものを提訴しないで、個人を直接攻撃するというやり方をとってきました。訴えたオリコンも、ある意味でマスコミの一端を担う企業であります。そういう企業が、表現の自由を圧殺するようなことをしてきました。

この裁判は、企業が個人を攻撃したとかいろいろな問題があると思いますが、何よりも大きな点は、オリコン側が事の真偽を争うというよりも、むしろ「威嚇してしゃべらせないぞ・物を言わせないぞ」、という姿勢をとっているということだと思います。本来でしたら、オリコンも表現する場と力をもつひとつのメディアです。それが言論で勝負をせず、いきなり訴える――、これは、マスコミ・メディアの企業として「表現の自由」の自己否定・自殺行為だと考えています。

私は新聞記者をしておりますが、この鳥賀陽さんの裁判に対してメディアの企業ジャーナリストが、一部の心ある記者以外は敏感に反応できなかった、というところにも危機を感じています。企業ジャーナリストでもフリーでも、「おなじジャーナリズムの一線に立っているんだ」という感覚が持てない、また、この問題に潜む本質を見抜けない――、そういうところに、同じ新聞の人間として忸怩たる思いを抱えています。

私たちは、いまそういう状況にいます。マスコミに働く労働者として、反省と憤り・怒りをもって、鳥賀陽さんの裁判から一年たったいま、これを機に、表現の自由をもう一度考え直そう、もう一度立て直そう、――そういう意味で本日のシンポジウムを企画しました。またいま、鳥賀陽さんと同じように裁判を抱えていらっしゃる方たち、弁護士の方たちと語り合うことであらためて、私たちにさしせまった問題を考えたいと思います。

もちろん、新聞社に勤めている記者も訴えられることがあります。ただ新聞社にいる場合は、会社で弁護士も雇うし、裁判費用ももってくれる。傍から見ると企業としてしっかり裁判でも闘っているように見えます。しかし内実を申しますと、編集幹部がしっかりしていないと、社の上層部や上司から訴えられた記者に対し「余計な問題を起こしやがって」という冷たい視線がきて、紙面でもなかなか続報が出にくく、また扱いも小さくなってくるという現状もあります。そういう企業で働いているジャーナリストでさえ、萎縮を感じてしまう。こういう恐ろしさがあります。

ですからフリーランスでやっている人にとっては、費用の面もふくめてなおのこと、どれだけこのことが圧力になるかをもう一度考えてもらいたいと思っております。それでも烏賀陽さんたちは、自分たち独自のやり方で連帯をしながら、折れることなく闘っています。これは、私たちがジャーナリストのあり方の原点に返って学ぶべきところだと思っております。そういう意味で本日のシンポジウムは「表現の自由・言論の自由」の根幹に関わることだとして、共通の問題としていただければ、我々主催者として幸いです。

（さが　じろう）

問題提起——危機に立つ表現の自由とジャーナリスト

［上智大学教授］田島泰彦

1　言論・表現の自由に対する規制とジャーナリズムの衰退

まずはじめに、今考えていることを二つにまとめてみます。

まずは、今回の裁判のゆくえだけではなくて、いまの日本の言論の自由・表現の自由がどうなっているか、ということの全体状況をお話して、それを踏まえて本日のテーマに関わることにつなげていきたいと思います。言論の自由・表現の自由についてはお話しようとおもうといくら時間があっても足らないのですが、ある時期から——とりわけ、一九九九年の「小渕一四五」国会があり、二〇〇一年の「9・11」あたりから、ということになると思うのですが、我々の国の言論の自由・表現の自由がかなり深刻な事態にあるという認識があります。

「個人情報保護法」といういわばメディア規制の象徴のような法律ができました。それに「人権擁護法案」や「青少年有害環境規制法案」さらに「裁判員制度」に関わるメディア規制もありました。立法措置のみならず、裁判所も『週刊文春』差し止めの一件もありましたし、裁判のなかでいろんな名誉毀損やプライバシーを拡げるおかしな司法判断もあり、高額訴訟もあり……等々きりがありませんね。これからどういう状況になってくるのか、と思わざるをえません。

そんなこともあり、二〇〇四年に日本の言論の自由・表現の自由がどうなっているのか、ということを考えてブックレットをつくったのですが「メディア規制はどうなっているのか。けしからん」というだけでは、この先、全然ふさわしくないタイトルになっていくのではないかという危惧もあり、『この国に言論の自由はあるのか』（岩波ブックレット）というタイトルにしました。大上段に構えすぎなのではないか、大げさすぎないかと思ったのですが、現状を見ているとそうではなくて、事態はその後さらに進んできました。

戦時的な言論統制

とくに私が気になっているのは、単なる言論規制・表現規制というレベルではなくて、ある種の戦時的な言論統制に足を踏み出すような、そういう事態を我々の国は迎えているのではないか、ということです。陸上自衛隊が武器を携えてイラクに行ったわけですけれども、そのときに日本のメディアは、防衛庁と協議をして一連の取材報道ルールを結びました。許可証がないと、そもそも宿営地にも入れない、ということから始まって、極めつけは、自衛隊に不都合がある情報は、防衛庁・自衛隊が報道することをOKしない、というルールまで作ったわけです。これは早い話「軍による検閲」という事態です。

しかも自衛隊は、政府の説明によると「非戦闘地域」に行っているということで、しかも、「人道復興支援」をおこなっている、ということなんです。つまり「戦時」でも「有事」でもないということになっている。にもかかわらず、「平時」のもとで、こういう極めて戦時特有な検閲・規制を堂々とやっている。

さらにはその後、「有事」を想定してメディアをどうするか、ということも問題にされてきて、有事法制のもと「指定公共機関」という仕組みをつくってメディアを組み込み、政府が必要だと思う放送内容を命じることができるという制度までできました。だから戦時というのははるか彼方のことだと思ったら、全くそうではないですね。我々の社会は形式的には「戦時」ではないにも関わらず、戦時特有の状況が、生まれてしまっている。

さらに、普通の司法のレベルだけではなくて、「憲法改正」ということまで射程に入ってきました。これは九条だけの問題だと考えると違います。「憲法改正」の一連の動きを見ますと、「表現規制」ということもしっかりと入っているわけです。一番わかりやすいのは、プライバシーというのを憲法の規定に新しく導入して、普通に考えると、ああもっともだな、と思われるのですが、憲法調査会の議論をみますと、「国家を縛るために個人のプライバシーを大事にしましょう」ということではなくて「言論の自由・表現の自由がゆきすぎたところがあるから、それを規制しましょう」という議論になっています。まさに表現規制、です。

しかも自衛軍と明記する「九条の改正」ということがなされてしまえば、これは究極の言論統制の役割を果たすしくみになります。戦前のことひとつ思い起こせば、想像できると思います。九条をこういうふうに「改正」されて軍事が正面から掲げられて憲法のなかに入れられてしまえば、さまざまな検閲が肥大化させられていく。戦前も「国防保安法」とか「軍機保護法」とかが実際にあって大事なことが伝えられなくなりました。

現に自民党などの「憲法改正案」のなかで、軍については通常の裁判所ではなくて「軍事法廷」ということに平然となっています。つまり、もうそういうところまで、きているわけです。しかも非常に気になることは、よからぬことを考えている人たちがとんでもないことをする、言論の自由・表現の自由の本質的なレベルで手をかける、というだけではなくて、それに対峙したり向かい合ったり、抵抗するような人たちが今、どうなっているのか。本来ならば、言論の自由・表現の自由を受けとめて、大事にして守っていく、よからぬものに対しては対峙していく。それを先頭に立ってやらないといけないのがジャーナリズムであり、メディアであるはずなんです。ところが、残念ながら、すべてとは言いませんが、メインストリームにあるいまのメディアはそういう状況にいる人は少ない。逆にそういった言論の自由・表現の自由から離れたところにいきつつある、というのが心配です。

たとえば、先ほどすこしお話した、イラクの「取材ルール」も、防衛庁や自衛隊だけが「おまえらけしからん」ということで作ったわけではないんです。それをメディア自身が受け入れて、では一緒に協定を作りましょう、というふうになったんです。つまり両方の「合作」だったんです。検閲も平然と受け入れるメディアって、何なのだろうか、と思わざるをえません。しかも、肝心のイラクに行っても、日本人の拘束事件もあり四月の半ばで、防衛庁から「みなさん危険ですから、避難したほうがいいですよ」という勧告が出ると、メディアはみんな受け入れて引き揚げてしまったのです。サマワにいる自衛隊を、間近でメディアが監視し、チェックする、ということをほとんどやっていない。メディアが撤退してしまったわけですから、結果として、イラクの自衛隊の報道は、独立したメディアやジャーナリストがチェックするというのではなく、当局が言ったことがほぼそのまま唯一の真実としてまかり通ってしまった。まさに、戦時中の「大本営発表」そのものです。しかもそれは「有事」でもないのにそういうことを通してしまった。「有事」でもないのにこういうことをやってしまう日本は、「有事」になるとどうなるのか。そう思わざるを得ないですね。

2　脅かされるジャーナリストの自由

ジャーナリズムの大事な部分が狙われる

メディア・ジャーナリズム自体の現状が既にそういう状況にあるということは、まずしっかりと認識しておかないといけません。今日のテーマに関わってくる「恫喝」「口封じ」訴訟のなかで、私が非常に気になっていることが三つほどあります。

まずひとつは、ジャーナリスト個人・記者個人、それがますますターゲットになってきた、ということです。メディアを訴訟の対象にするというのは、ある意味で普通のことなんです。メディアは名誉やプライバシーに関わる取材、報道も含めてやっていますから。しかし、ある時期から、メディアとともに個別の記者、これが訴訟対象としてターゲットにされてきました。とりわけ、それが顕著なのはフリーのジャーナリストです。さらには、メディアのなかの一記者。今回の烏賀陽さんの場合ですと、メディアを訴えないで、情報提供をしている記者・ジャーナリストだけを訴えている。

これは何を意味するかといいますと、要するに先ほども申した、「ジャーナリズムの衰退」ということとも関わってくるのですが、いま日本で一番がんばっていて最前線でやっている人たちというのが、やはりフリーのジャーナリストであったり、マスコミの企業のなかでも頑張っている人たち、問題意識をもってやっている個別の記者のひとたちです。つまりいちばん日本の社会が大事にしないといけない、体を張っているひとたちが攻撃にさらされています。つまり、最前線で、いちばん問題を抱え、多くのことを伝えようとしている人たちが、やはりそうでないひとと違って、攻撃にさらされる。

つまりジャーナリズムにとって、とても大事な部分が、脅かされたり攻撃されるということになってきました。個人の人たち、とりわけフリーのひとたちは、バックも無くて、訴えられたらいったいどうなるのか、肝心の言論活動自体もできなくなります。さらに、企業内の個人の記者も、訴えられたときそのメディア企業がバックアップしてくれるのかというと、私が知る限りでも必ずしもそうではありません。「なんかいやなことになっちゃったな」「お前ももう少しうまくやれよ」ということを言われます。「うまくやれよ」という言葉の意味することは、そんな問題なんか起こさないようにしろということです。どうでもいいことを書いておけば、訴えられることはないのですから、そういうことをやっておけ、という極端に言えばそのようになるケースが非常に多い。

貴重な水源が枯渇する

次の問題ですが、発表したり・報道したり、という情報を直接アウトプットするところ、つまり雑誌や新聞社などを提訴するのは、誰の目にもわかりやすいことです。訴えるほうは、「ああ変なことをしている」「表現の自由を乱暴にふさいでいる」と思われたりしますので、なかなかやりにくいということもまた事実です。

そこで、いま何が行われているかといいますと、肝心かなめの情報をインプットする前の段階で情報を遮断する、ということが行われていることが問題です。つまり情報源や大事な情報を持っている人たちをやり玉にあげ、これを提訴することです。報道は、この大事な情報を持っている人と、メディアやジャーナリストが十分な回路をもってアクセスしない限り、意味のあるものがなかなか出てきません。つまり本来の意味での言論の自由・表現の自由を、豊かで深いものにしていくためには、そういう取材源や情報源が大事にされて保護され、守られていなければならないのです。水道の蛇口だけいくら開かれていても、水源が無ければ水がでてこないのと同じです。

この水源に対する、いろんな形での規制・統制がかかってきて、情報源の遮断ということが進んできています。立法のレベルでいいますと「個人情報保護法」もそうですし「犯罪被害者等基本法」とそれにもとづく「犯罪被害者等基本計画」による警察の被害者の匿名発表もそうです。今回の烏賀陽さんのケースはまさに情報源の遮断に当たりますし、さらには草薙厚子さんの『僕はパパを殺すことに決めた』（講談社）で、供述調書の問題で医師が逮捕されたケースもこれに当たります。

情報を持っていた鑑定医が逮捕され、起訴される。情報源を遮断して規制しようとするのは、それだけで効果は充分なのです。もちろん草薙さん本人ならば提訴していいというわけではないです。ただ、水源である元のところが攻撃され、抑圧されると、情報が萎縮し、情報が出ないことになる。大きな源が涸れてしまう、涸れさせてしまう、ということになるのです。その意味では情報源への規制・統制というのは、報道表現の実質を空洞化するという非常に深刻な問題をはらんでいます。

増大する金銭負担

三つめの問題として、個人の記者やフリーのジャーナリストがターゲットになったときには、やはり金銭負担の問題が、本当に深刻な問題です。そんななかで二〇〇一年あたりから、「高額判決」ということにもなってきました。詳しくは、いま触れませんが、本当に個人の市民がプライバシーや名誉が侵されたのに賠償額が少ないので金額があがってきた、ということでしたら少しはわかるのです。しかし実際のところの巨額訴訟はそうではなくて、もとはといえば、政治家が大きな要因です。週刊誌などで政治家たちが批判されたりということもあって、国会のレベルで法務大臣などに質問し、回答を引き出しました。それを受けた最高裁が、裁判官たちのチームをつくって、いま日本の訴訟は低額すぎるから、もう少し高くしたらいい、ということになってきたんです。本音のところは、「メディアやジャーナリストたちにダメージを与えるには、こんな安い賠償額では仕方が無い」ということで自民党が、一九九八年につくった報告書がベースなのです。そういう意味では「邪魔者を消せ」というのが損害賠償の高額化なのです。そこでは外国の例があげられていて、たとえばアメリカでは損害賠償の額は非常に大きいのですが、他方で豊かな表現の自由を保障しています。日本の窮屈な表現の自由とは、まったく違うものです。そういう表現の自由の範囲と関連させて理解しないと、一面的になります。表現の自由の範囲は狭くしたままで賠償額も高額化しろというこの国のやり方は言論抑圧そのものです。

また訴訟額の高額化だけではなくて、裁判を支える弁護士の費用・裁判費用の問題があります。これも非常に大きな負担としてかかってきます。やはり訴訟費用の問題も表現の自由の問題と理解して考えないといけないと思います。

（たじま やすひこ）

テレビ番組での一言に安倍首相秘書から訴訟

［朝日新聞編集委員］　山田厚史

朝日新聞社の山田と申します。経済関連の記事を担当しています。私が抱えている訴訟は、二つあります。まず一つは二〇〇七年五月に安倍晋三首相（当時）の秘書三人から、ひとりあたり一一〇〇万円、合計三三〇〇万円を払え、という名誉毀損の訴えを起こされました。

これは、私がテレビ朝日の「サンデープロジェクト」という番組に出たのですが、日興コーディアル證券が、ホリエモンの事件などくらべものにならないぐらい悪質な粉飾決算をおこないましてそれが会社のなかの委員会でも、組織的なことだということになりました。当然、証券会社というものが、これだけ多額の粉飾決算を行ったら、上場廃止だろうというのが、一般的な見解なのですが、なぜか上場廃止にならない――。

このことをめぐって私だけではなくて、番組に参加したメンバーで話し合いました。そのなかで、政治とのつながりとか、検察のおかしなやり方など、いろんな話が出たなかで、私が「日興證券には安倍事務所に強い常務がおられて、その人が将来社長だなんていう噂がありますよ」という、全部で五秒、前後入れても三〇秒ぐらいの発言をしたのですが、この一言をとりまして、放送後一週間以上たって質問書が送られてきました。いろんなやり取りがありまして、その一ヵ月後ほどに名誉毀損で訴える、ということをしてきました。

しかも、その「名誉毀損で訴えた」ということを私どもが知ったのは、『夕刊フジ』の取材が朝日新聞の広報にあったからなのです。私はちょうど出張中だったのですが、どうも訴えたらしいという連絡が入りました。さっそく首相官邸の記者クラブの朝日新聞の記者が動いたのですが、わからない。安倍事務所は、そのことに関して「ノーコメント」ということでした。それで社会部の記者が、裁判所に行って調べましたら、山田と朝日新聞を相手にした損害賠償請求が出ていることは確認できましたが、肝心の中身がわからない。「訴えたんだったら中身を教えてくれよ」と安倍事務所に申し入れたのに、「そういうことを教える必要はない」という答えでして、なぜか『夕刊フジ』だけが書いている、という状態でした。

そのあと、訴状が朝日新聞以外の新聞社には渡ったらしく、「安倍首相が、『捏造的な中傷だ。まさに人権が侵害された。法的な手段に出るのは当然だ』ということをいった」というのが『朝日新聞』に載りました。私の言い分を載せろ、と言ったのですが、それは載らずじまいで、結局安倍首相の、「私にかかわることなら何でも捏造していいという気分が朝日の中にあるとすると怖い」ということだけが、一方的に載ることになりまして、裁判が始まりました。

現在、四回の口頭弁論が行われまして、来年（二〇〇八年）一月に五回目の口頭弁論が行われて、この辺でいちおう結審されるのではないかと思っております。どういう判決がでるのかということは、まさに「裁判長の胸三寸」という状況で、全くわからない（五九ページ〔追記〕参照）。

もう一つの裁判、――私はこちらのほうが朝日新聞にとっても重大ではなかろうか、と思っているのですが――のお話をいたします。整理回収機構（ＲＣＣ）という、銀行から不良債権を買い取って、債権者から取り立てる、いわば、国策会社がございます。もともとは中坊公平さんがつくった住専機構が源流にありまして、銀行の不良債権を、買い取って商売をするという、ものです。

その取立てがあまりにも、あくどいということが、いろんなところにも書かれています。また国会でも問題になりました。私も金融記者を長くやっておりましたが、債権回収というのは両者の言い分が非常に入り組んでいるもので、新聞でぺらっと書くほど簡単ではないものです。だから六〇行や一二〇行で書くと、かなり荒い原稿になってしまって、書きにくいテーマではあります。ところが、非常にわかりやすい例が日光の川治温泉でありました。

NHKの朝ドラの「どんと晴れ」に出てくるような老舗旅館がありました。ここのおかみの、まさに病床の寝床を剥ぎ取るかのような債権回収が行われました。古い旅館を破産させて再建させる。債権回収機構（RCC）としては、「新しい画期的な債権回収方法だ」ということをやったんですね。それが、あまりにも酷いので、現場に行きまして、温泉街の出入り業者の方々にも取材をしました。「債権は払わないよ」というファクスが、ある日突然送られてきたことも聞きました。そういうこともあったので、地元の住民の声を通じて「ハゲタカのような回収」という記事を書きました。

これに対して、整理回収機構は、朝日新聞の「人権と報道委員会」というところに提訴をしてきました。ちょうど安倍首相が私に名誉毀損を提訴したことを追っかけて、ほぼ平行しておこなわれております。

取材先から、取材についてのクレームというのは、この世界ではよくあることです。さほど驚くことではありません。RCCが、つまり政府の国策会社がこんなことを言ってきたわけですが、こんなのは「人権と報道委員会」が取り上げないだろう、と思っていました。ところが、これを取り上げる——、ということになって非常に驚いた次第です。そして見事RCCの意見が通り、私の記事の三倍ぐらいの（つまりほぼ一面を使った）大きさで「記事に問題あり、データの恣意的引用」と「欠陥記事」であるかのごとく、『朝日新聞』の紙面で踊る、ということになりました。

安倍の秘書との訴訟で、安倍側の証拠としてこの記事が出ました。「安倍の事件とは関係ないだろう」と思うのですが、「山田はかくもいい加減な記者だ」といわんばかりの使われ方でした。私はＲＣＣのような社会的強者が、「人権と報道委員会」が掲げる人権侵害救済の対象になるとは思えないのですが、「人権」という言葉が、逆用されてメディアの報道の自由が脅かされる――、これに関しては、また後ほど申し上げたいと思います。

（やまだ あつし）

週刊誌記事に五〇件の「次々訴訟」

［ジャーナリスト］西岡研介

西岡です。『週刊現代』で仕事をしております。『週刊現代』（講談社）誌上で昨年（二〇〇六年）七月から、今年の一月までの半年間、ＪＲの労使問題についての記事を二四回連載いたしました。その連載をまとめて加筆した『マングローブ　テロリストに乗っ取られたＪＲ東日本の真実』（講談社）を二〇〇七年六月に上梓いたしました。

その本の内容につきましては、賛否両論いろいろありますし、ここでお話するのはシンポジウムの主旨と違ってきますので、内容につきましては、ぜひ本を買って読んでください。

連載中に、ＪＲの労働組合、本日もチラシを配られましたが（六三ページ参照）、ＪＲ総連ならびにＪＲ東労組（ＪＲ東日本の最大労組）から提訴されました。それは、結局総計五〇件訴えられました。一人のライターが、一つの連載で五〇件訴えられる、というのは、あまり無いケースで、ギネスブックに申請してやろうかな、と思っているぐらいなんです。

そのなかで、私が記事の中で触れた三人の個人および二つの組合（ＪＲ総連・ＪＲ東労組）、つまりこの三件の訴訟に関しましては、私も実名を挙げてきっちり批判したわけですから、これは、訴えられても仕方が無いな、と思っていたんです。ただ、記事にも登場しない残りの四七人の、北は北海道から、南は山口県までの私が会ったこともなく、名前も聞いたことのないような組合員の方々が訴

図　ＪＲ総連からの提訴一覧（06 年 8 月～ 07 年 5 月）

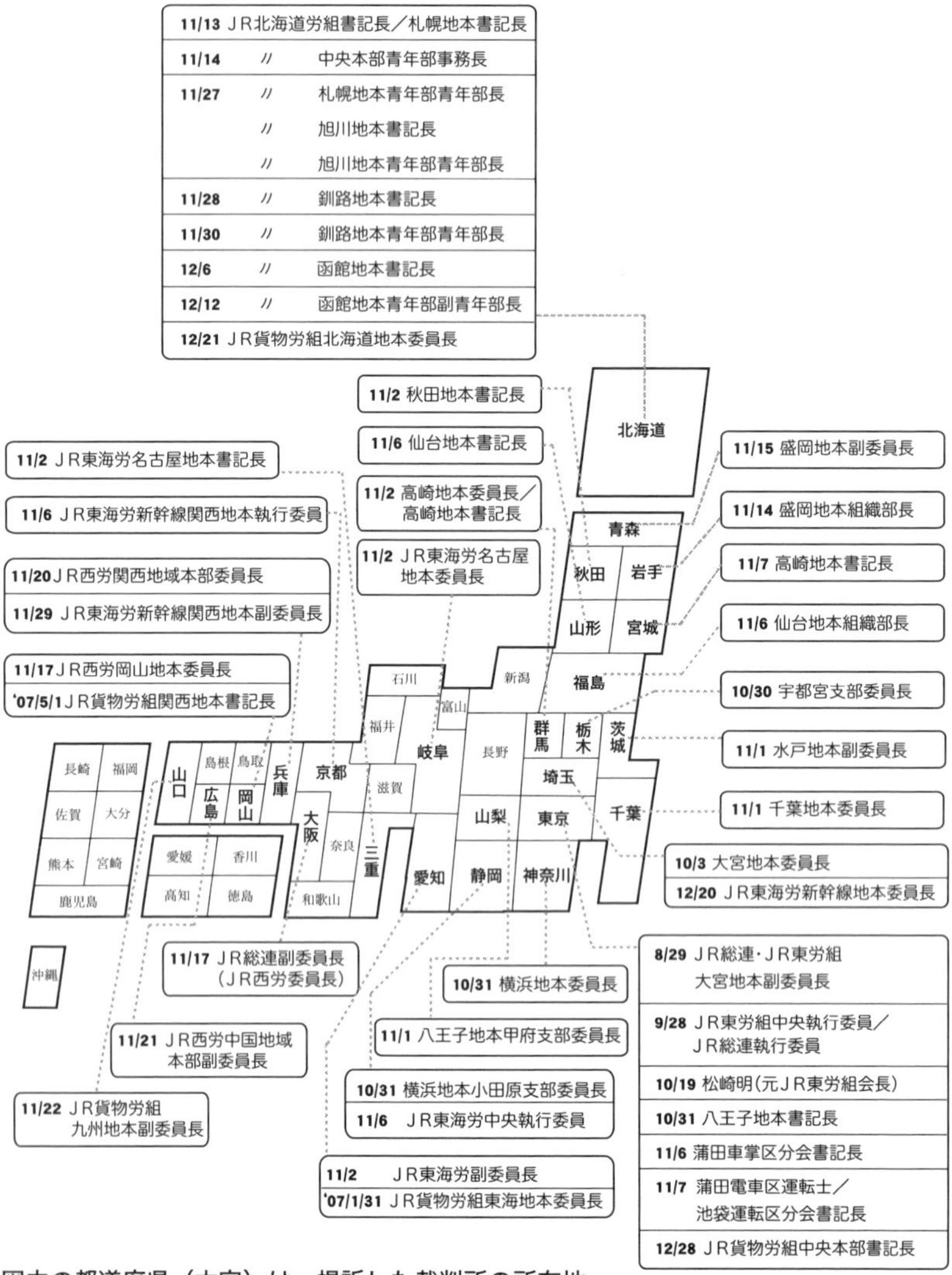

図中の都道府県（太字）は、提訴した裁判所の所在地。
日付は提訴日。
出所）西岡研介『マングローブ』242-243 ページ。

えてこられたのは、これはちょっとスジが違うんじゃないかな、と思います。

さきに申しました、三件の裁判につきましては、真摯に対応して、準備書面や弁論のやり取りをおこなっております。おそらくこの判決は長引くと思いますし、私も性根を入れて徹底的にやってやろう、と思っています。しかし残りの四七件は少し違います。本日お配りした資料のなかに、私を訴えていいただいた方々の分布地図がございますが、この地図も、じつは私が訴えはじめられた当時に、JR総連の取材協力者が内部資料として渡してくださったものです。ですからJR総連のつくった地図をもとにこの地図をつくっておりますので、私がわざわざつくったものではありません。

初めに申し上げた、三件の裁判につきましては、私も先方の意見をきっちりと聞いて、対応していきたいと思っています。彼らにもそれ相応の言い分がありますので、お手元の、JR総連の「私たちはなぜ西岡研介氏を訴えたか」というチラシを見ておいてください。ただ残りの四七件の訴訟の現状に関しましては、地裁のレベルですべて勝訴しました。ただ控訴された方もたくさんいらっしゃいますが——しかし控訴される方と控訴されない方の違いもよくわからないのですが——、これも高裁のレベルですべて勝ちました。あとお一人、なかなか頑張られている方が、最高裁に上告されています。この方をひとり残して、あとは私ももうお役御免かな、て思っているんです。

もちろん訴えた彼らには彼らの言い分があるのでしょうが、一貫してこういう活動を私は異常じゃないか、と思っていました。しかし、状況が進むにつれ、さらにもっと異常だと思うのは、じつは私は昔、神戸新聞で新聞記者をやっておりましたからよくわかるのですが、この異常な状態を見て、新聞記者は何とも思わないのか、このことを紙面で取り上げないのがもっと異常じゃないか、と感じました。それで、今回主催者の呼びかけに応じて参加させていただいた次第です。　（にしおか けんすけ）

電話取材に応えただけで

［ジャーナリスト］烏賀陽弘道

烏賀陽です。私の裁判は、山田記者や西岡記者に比べますと、やや狭い音楽業界の話です。「オリコン」という音楽のヒットチャートの集計会社の名前をお聞きになられたことがあると思います。その会社から私は、提訴されました。

ことの次第を申します。昨年（二〇〇六年）の三月に雑誌『サイゾー』（インフォバーン社発行）の編集部から夜中に電話がかかってきまして、「ジャニーズとオリコンの関係について質問をさせてほしい」ということだったんですが、私はジャニーズに関しては一切知らないので、「お答えできません」とお断り申し上げました。すると「ではオリコンについて一般的な知識を教えてほしい」とおっしゃられたので、オリコンのことにつきましては若干取材もしたことがございましたので、「じゃあ、わかる範囲でお答えしましょう」ということで、四、五問『サイゾー』の取材に応えました。

そして『サイゾー』編集部の副編集長さんが「私のコメント」を書く、という形で「ジャニーズは、超VIP待遇 事務所とオリコンの蜜月関係」という記事になりました。

この記事の真ん中、第三段落が、私の『サイゾー』への質問の回答を基につくられています。私は、ジャニーズにつきましては何も言っていません。オリコンについて、回答できる部分はしました。ところが、これを見たオリコン側の弁護士が、このコメントはお前が本当に書いたのか、と私に内容証明郵便を送ってきましたので、私が書いたものではないですが、取材に応えたものを『サイゾー』編集部がまとめましたと返答いたしました。

そうすると一一月、実際に私が知ったのはその年の暮れもおしせまった一二月一三日で大変だったのですが、オリコンは東京地裁に、五千万円の損害賠償を求めて、私一人を提訴いたしました。

このオリコン訴訟の危険なところは、二点あると思います。まずひとつは、さきほど田島先生がおっしゃられたように、私というのは「取材して書いた人間」ではなくて「取材を受けた人間」なんですね。つまり情報源を名誉毀損で訴えるという、極めて危険な方法が取られているのです。するとどうなるか。「取材に応えると、五千万円の名誉毀損訴訟をおこされるかもしれない」というリスクが出てくるということになります。そんなことになれば、誰がいったい報道機関の取材に応えてくれるのでしょうか——？　これは本当に恐ろしいことで、報道という仕事の根幹を破壊してしまいます。

この訴えを、東京地裁が受理して審理を始めてしまった、という時点で、私自身にはすでに弁護士費用が発生します。さらに私はフリーランスですから、時間をお金にかえて生きています。固定給をもらっていません。その貴重な時間の半分以上を裁判所にとられてしまう、という過酷な生活がはじまり、私を「兵糧攻め」にしようという意図が見えてきました。オリコンにとっては、すでに「勝ち負け」はどうでもよいことがわかってきました。私は、もうすでに莫大な金銭の負担と、時間の浪費を強いられています。

もう一つの問題点は、出版社や雑誌の発行元を訴えずに、もしこういったコメントをした人や記者一人を訴えるということが可能であるならば、私はたまたまフリーでしたが、朝日新聞の山田記者を朝日新聞から引き剥がして、ひとり単独で訴えることも可能になる。そうなると、たとえ原告が負けたとしても、どちらにしても訴えられた側は、破格の弁護士費用と裁判費用を負担して、生活の半分以上の時間を奪われるという、苦痛を味わわないといけない。

つまりこれは「提訴」そのものが脅迫であり、相手に苦痛を与える行為であり、「だまれ」「口をきくな」というシグナルに使えるということです。

あにはからんや、オリコンの小池恒社長は、提訴の一ヵ月後に「今回の提訴の目的は、お金ではありません。烏賀陽弘道が自分の過ちを認め、公式に謝罪をすれば、ただちに提訴を取り下げます」と、わざわざリリースを発表しまして、言ってくださいました。

「つまりこれは、裁判の目的が「損害の回復」ではない、烏賀陽の口封じであるということを自らおっしゃっている、ということです。そこで、私は、この裁判は「裁判の目的外使用」、つまり「濫訴《らんそ》」であると判断いたしまして、これに反訴いたしました。いま係争中です。こちらにいらっしゃる釜井英法弁護士が、弁護団長です。一二月一一日に東京地裁七〇九号法廷で六回目の口頭弁論が開かれます。証人尋問で私も証言いたします。どうぞよろしくお願いいいたします。

（うがや ひろみち）

自社に不利な発言を抑える目的

［弁護士］釜井英法

弁護士の釜井です。オリコン訴訟で被告の烏賀陽さんの弁護団団長をつとめています。私自身は、名誉毀損で訴えられた、マスコミですとかジャーナリスト、弁護士の方々の代理人をしてきました事件としては、今回が三回目です。一回目は、『武富士の闇を暴く』という本を「武富士被害対策全国会議」（弁護士らで構成）がつくりまして、これに執筆した弁護士を武富士が提訴してきたので、それに対して反撃するために弁護団に加わったのが始まりです。

同時期に『週刊金曜日』の三宅勝久さんの記事に対して武富士が同じように提訴した、ということがありその訴訟にも関わりました。この裁判には最初私は関わっていませんでした。協力してやっている別の弁護士が名誉毀損裁判のほうをやりました。この事件は最高裁で勝ちまして確定いたしました。

しかし名誉毀損で勝つというのは原告である武富士の請求を認めないというだけで、被告であった「週刊金曜日」と三宅さんが被った損害を賠償しなさいということにはなりません。それであんな酷い裁判を起こされて、このまま引き下がっていいのかと反撃の訴訟をおこそうということで、「週刊金曜日」と三宅さんが武富士を訴えた不法行為の裁判の代理人になりました。

さきほどの『武富士の闇を暴く』裁判でも、名誉毀損で訴えられたことを防御するというだけではなくて、それに対して反訴するということをやりまして、その経験が二件ありましたので、今回の烏賀陽さんの件もお話をいただきました。

それで、烏賀陽さんにお目にかかりお話をおうかがいすると、これはまた酷いお話でした。武富士の裁判と違っていたのは、武富士というのは非常にコテコテの会長がワンマンでずっとやっていたので、強引な訴訟を起こしても「さもありなん」といいますか、あの会長ならそういう裁判の使い方もするだろうということは、十分考えられましたし、実際、盗聴事件で刑事事件の判決も受けました。ところがこのオリコンという会社は、そういう感じではない。社長のワンマン的なところはあるでしょうが、武富士ほどではないのではないかと思っていました。

もうひとつは、出版社や著者でもなく、コメントしただけの烏賀陽さんだけを訴えたところが、武富士の裁判に比べると、「洗練された」というべきか、狙いが非常に明確な感じがしました。ジャーナリストや、弁護士という自分たちに不利なことをいう人たちを訴えて抑止する、ということをより研ぎ澄ました感じがこのオリコンの裁判に表れているな、と感じました。

お話の趣旨について、よくわかる、ということで烏賀陽さんの代理人を務めさせていただくことになりました。この種の裁判を三件もやっている弁護士は、私といっしょにやっている三上弁護士ぐらいかもしれません。訴えている側の弁護士は、ある程度事務所などが固定しているような情報がありますす。訴えられた方の弁護はなかなか大変なのですが、その大変な方ばかりを引き受けていますが、非常に低廉な弁護費用でございます（笑）。

（かまい　ひでのり）

フリーライターを訴えた経団連会長

［ジャーナリスト］斎藤貴男

斎藤貴男です。今年（二〇〇七年）の一〇月ごろ、私は、『週刊現代』でキヤノンの御手洗冨士夫会長、日本経団連の会長もされていますが、この方について、何度か連載をしました。

連載のほとんどが、キヤノンの「偽装請負」についてで、経団連の会長ともあろうお方の会社がこのようなしょうもないことをやっていいのか、という主張のルポを連載したのです。その話を連載しているあいだは、特に訴えられるということはなかったのですが、連載の最後にキヤノンの創業者だと一般には信じられている、御手洗毅さんについて触れたところ、訴えられたわけです。

この人は現会長の御手洗冨士夫さんの叔父さんにあたる方で、もともとは産婦人科のお医者さんです。記事の一つは、じつはこの方は創業者でもなんでもなくて他の人がつくった会社に出資をして、いつの間にか「創業者」という形が作られていったのだ、という内容です。

二つ目にはキヤノンに入り込んでくる前のことについてです。御手洗毅さんは、昭和一二年に「ジホスゲン」という毒ガスが、妊産婦に与える影響について実験をしました。実際に人間をつかったのではなくて、妊娠しているウサギに浴びせてどうなるのかを調べました。彼は北大医学部の出身だったのですが、この研究を京都大学の医学部に提出して博士号をとりました。そのときの指導教官の面々の中に、かつて七三一部隊をつくった石井四郎さんの恩師である清野謙次教授をはじめ、七三一部隊の関係者がたくさんいた、という事実を書いたわけです。

このことは一般のマスコミに載るのは初めてですが、実は秘密でもなんでもなくて、もう二〇年ほど前に一部始終が明らかにされています。他ならぬキヤノンの五〇周年の社史にチラッとですが出てくるのです。御手洗毅は毒ガスの研究で京都大学の博士号を取りました、という史実が載っていたので、その論文を探し出し、『週刊現代』一〇月二〇日号の記事で改めて公にしたわけです。

そうしましたら、御手洗冨士夫さんとキヤノンは、私とその記事を載せた『週刊現代』、つまり版元・講談社に訴えてまいりまして、両者あわせて二億円を払え、と言ってきました。

当然、訴訟など抱えて嬉しい話ではないので、記事を出すときも、細心の注意を払って記事を書いています。「だからどうした」、とは書かずに、「ただ、こういうことがありましたんですよ」というだけにとどめておいたのです。

そういうところを訴えられたので、これはもう、あちこちに取り上げられて「俺はいちやく、ヒーローか？」と夢を見かけたのですが、確かに新聞各紙には、御手洗冨士夫が訴えた、というベタ記事が載りはしたものの、実際に私のところへ取材にきてくれたのは、『週刊金曜日』と『紙の爆弾』（鹿砦社）の二社だけでした。『週刊現代』編集部からは、余計なことをあまりしゃべらないように、といわれていたのですが、でも取材に来てくれたらうれしいものだし、来たら何て言おう、どうしようなんて心配していたのに、取り越し苦労でしたね。

いろんな方に大変ですね、と声をかけていただくのですが、本人はあまりピンときていなくて、経団連の会長に訴えられたフリーライターはそうそういないと思うので、これはまあ「得がたい経験」かな、とも思ったりもしたのですが、よくよく考えると経団連の会長は普通フリーライターなんか訴えないな、それが世の中の「お約束」っていうもんじゃないのかなとも思ったりもしたものです……。

私は以前、『日本工業新聞』というフジサンケイグループの新聞社で新聞記者をしておりました。当時の先輩で、後にフジサンケイ労組をつくった松沢弘さんが、最近ある雑誌に御手洗冨士夫さんのことを書いていて「やはり、経団連の会長は軽工業のトップはいけない、たとえば新日鉄のような重工業でないと……」などということを書かれていまして、いつのまに財界べったり記者に戻ったんですか？と思ったりしたのですが、実は私の気持ちも、それに近いものがあって、会長たるものフリージャーナリストなどを訴えたりしない、懐の深いハッタリを利かせた昔気質の〝財界人〟らしくしていて欲しいな、とも思ったりしています（笑）。


冗談はさておき、こういう「高額訴訟」の流れは、アメリカで二〇年ほど前から当たり前のようになっていて、その間にいろんな調整がありまして、現状のような形になっているのだそうです。特に「9・11」以降、メディアは完全に権力の下にあると言われているので、まだよくわからないのですが、これはアメリカが当時、そして今日本が経験している新自由主義、要するに多国籍企業の利益が絶対的な、唯一無二の価値観であり、政府とはそれの擁護者である。それに逆らうやつは全部「テロリスト」であるという思想のもとに、導かれた高額訴訟の潮流なのかもしれない、と考えています。

こういう流れが今後、どういう道筋を辿っていくのか、なんでもかんでもアメリカがやることが正しいというこの国で、こんなことまで同じになってしまうと本当に情けない。それとともに憲法の問題は田島さんのおっしゃるとおりで、僕は監視社会、格差社会であるとか、米軍再編であるとか、改憲潮流など、ここ一〇年ほど提起してきた僕自身の仕事から、いつまでたっても離れられなくて、マンネリのような、もう一方では、同時代の当事者になることができて嬉しいような、不思議な感覚です。

ひとつだけ言えますのは、いまさらこんなことでは萎縮なんかしていられない、ということです。私は、もと日本工業新聞なので、企業のヨイショは実は得意なのですが、フリーになったときに、食えなかったらリクルートの原稿だけで、食ってやろう、と思っていたぐらいですから。いざとなったら、そういう道もあるかな、と思いつつ（笑）……。そうならないように、これからも一生懸命頑張っていきたいと思います。損得でいうと絶対に損だし、ばかばかしいとは思うのですが、大手のメディアがどうであれ、誰の圧力にも屈しないで書けることだけが、フリーの取り柄だと思っています。

（さいとう　たかお）

討論

分断されるジャーナリスト

田島　ひととおり、それぞれの方の裁判状況を、わかりやすくお話していただきましたが、それを踏まえて、今回の裁判の問題が何なのか、論点はどこにあるのか、あるいは、その裁判で、弁護士さんは別としても、ジャーナリストの方たちは裁判に関わることは少なかったと思いますので、裁判をやってみて、いかに「ヘンか」ということも含めて、また他の方の裁判とも比べながら少しお話いただけたらと思います。

山田　「フリーと大手」というお話もありましたが、「大手」の側に属している者の立場から、自分が裁判を抱えてみて思ったことを少しお話しします。

だんだん「ジャーナリズム」と「メディア産業」が分離してきているな、と実感します。もう一点は、どちらかというと人数的に見ますと、紙の、活字メディアがジャーナリズムの主流ですが、紙のメディアは、いま時代の流れのなかで極めて厳しい状況にあります。とくに新聞は宅配制度・記者クラブ・輪転機という「三種の神器」で一二〇年やってきました。それが相当ガタが来ています。個人的に見ると、大手メディアの中にも相当優秀な記者がいると思っておりますが、その人たちを活かしきれない経営状況、経営判断があると思います。

一言で申しますと、さまざまな分断があります。フリージャーナリストと企業ジャーナリストの分断もそうですが、私の裁判の場合、テレビで発言したことが発端ですので、社のほうは「テレビで発言したのはお前なのだから、自分でやれ」ということになりました。安倍首相は非常に「うまい」と思うのですが、テレビ放送なのに、テレビの制作者や、それを流したテレビ局を訴えず、発言した私と、たまたま私の管理者である朝日新聞を訴える、という手法をとりました。

当の新聞は、「君がテレビに出たんだから、それを俺に言っても困る。君の裁判は君のお金で弁護士を雇ってやってくれ」と言われました。「えっ、私がひとりでやるんですか?」とききましたら「そうだよ。会社のほうも訴えられている。それは会社でやるから」と言われました。私は、カンパでやっております。

あともう一つは、「山田さん、山田さんが言ったのはフリージャーナリストが取材したことだよね。『朝日新聞』で書いたことを元に山田さんがテレビで言ってくれているのだったら、僕たちも応援しようがあるけれども、フリーのジャーナリストがよそのメディアに書いたものを、うちにもってこられても困るよね」といっている人たちが結構いました。「おい、そういう問題じゃないだろう」ということを思いました。こういった分断状況――、によって、ひとりひとりがばらばらにされていくのではないかという危惧があります。

また、RCCの問題でもそういうことが見られました。整理回収機構というのは、中坊さんが作っただけあって、弁護士の救済会社ではないか、と思えるぐらいに弁護士がたくさんいます。少しでも変な記事を書くと、弁護士がやってきて文句を言う。

そういう企業風土のなかで、記者を与党の記者と、野党の記者と分けるのです。すぐ、「おまえは、出入り禁止だ」「おまえの取材は受けない」と言い出して、特定の記者にだけ情報を与え、記者同士

をも分断していくのです。そういう「分断作戦」に対して、ジャーナリズムが、結束して戦えない。いろいろいいことを言っても、「あんまりややこしいことになると、色々影響があるんだよ」と言い出してそれぞれの、自分のところに逃げ込んで、人のところは知らない、という雰囲気になってくるんじゃないかなと思うんです。こういう形でジャーナリストが分断させられる、というのが今の状況ではないかと思っております。

田島　だんだん気分が重くなってきますね。

山田　そうですね。そのなかで、これからどうしていくかということが課題だと思います。

敏感でないメディア

西岡　先ほど、烏賀陽さんのお話のなかにもあったのですが、裁判というのは、基本的にお金も時間もかかりますし、体力も消耗します。ひとつ取材したことで訴えられて、そのためにもう一つ取材をし直すというのは、ライターにとってなかなかしんどいことでもあります。お金もかかります。

私は、『週刊現代』の前には『週刊文春』にいまして、そのまえには『噂の真相』という、なかなかハジけた雑誌で一九九八年から二〇〇一年まで仕事をしました。その間に、民事で五件、刑事で五件訴えられたことがありました。その間は、締め切りが終わったら、延々と準備書面を書くという作業でした。

『噂の真相』の岡留編集長と、今は『サイゾー』で連載もされている川端副編集長は、「西岡君、訴えられるのは二流のやり方だ、訴えさせんように行ってこい」と、内容証明郵便が来た時点で、相手の弁護士のところに乗り込んでいって、「センセイ、依頼人の言われたまま訴えたら二流やで、あんたが依頼人を説得して訴えんようにさせんのが仕事やで」……というような交渉をしても、亀井静香先生にはじまり、古賀誠先生、森喜朗先生などなど数々の政治家の先生方に訴えていただきましたし、刑事でも警視庁の捜査二課では、何年前か忘れましたが、十二月二四日のクリスマス・イブから、三一日の除夜の鐘が鳴るまで延々と、取調べを任意で受けていたこともありました。そのときは堺屋太一先生がありがたくも刑事告訴してくださいましたので、あれは危うくパクられそうになりました。

別の案件では、東京地検特捜部にも調べられました。この「取調べ」というものは、自分が何もやっていなくて、自分が腹をくくって書いているものだとしても、毎日毎日、朝の九時から晩の九時まで呼び出されて、任意だといっても延々「思い出せ、思い出せ」と言われると、「ああ、スミマセン」と吐いてしまう気持ちもわかるなぁ、と思います。

ジャーナリストも、民事訴訟で高額というのはあるかもしれませんが、私のように、はっちゃけた雑誌にいた場合、刑事告訴でやられたのは、とてもきつかった。これからこういうことがどんどん行われる時代になってくると思います。

刑事というのは民事より簡単で、訴えるのにお金がかかりません。なおかつ、権力側はそういう「うっとうしい奴」を痛めつけることに、たいていやる気満々です。私がやられたとき、彼らがどうしてやる気満々だったかといいますと、さきほどの山田さんのお話にも出ました、RCCに安田好弘さんという弁護士が刃向かったとき、その安田弁護士の事務所にガサ入れが入りました。このガサ入れをやらせたのは、中坊公平ですが、この安田弁護士の港合同事務所に捜査二課のガサ入れが入ったときに、ガンガン写真を撮って、お巡りサンの顔を『噂の真相』に全部載せたんです。これで捜査二課長が激怒しまして、「コイツをパクれ、なんでもいいからやれ」となったわけで、そこで堺屋太一先生に刑事告訴されてしまい、それが即刻受理されて、延々と取調べをうけることになりました。

そのようなかたちで、ジャーナリストやうっとうしい奴に、恣意的に刑事告訴を利用してくる方々が、これからもっと増えてくると思うんです。そこのところは、私たちも気をつけないといけないな、と思うんです。

そういう修羅場をくぐってきたので、今回の五〇件訴えられてもなんとか持ちこたえられているのではないか、と思うのですが、最後にひとつだけ痛烈に思うことがありました。五〇件訴えられると、いうことのなかで、一件ずつ訴えられているあいだはまだ良かったんです。それが、一〇件なり、二〇件なり訴えられてきたら、「ああ、これは組織的にやられているな」ということがわかるではないですか。

先ほどの斎藤さんのお話ではないですが、訴えが起こされるたびにごとに新聞社から連絡が入るんですね。「朝日新聞の〇〇支局ですが、〇〇地裁に訴えられていますが」「毎日新聞の△△支局ですが、

△△地裁に訴えられていますが」……続くのです。

私もはっちゃけた雑誌の『噂の真相』に行く前は、『神戸新聞』というマトモな新聞記者をやっておりまして裁判所を担当していたので、彼らの仕事内容がよくわかります。裁判所担当の記者には、新しい訴えがあったらその日に記事にするという「新件チェック」という、大切な仕事があるんですね。だから彼らが「新件」でやったはるんやな、ということは、わかりつつも、朝日や毎日の記者のお兄さんに、「お兄さんよ、オレもう一四件目なんや。これ、おかしないか？」とその度に言って「オレ、ずっと同じコメントして、また同じように書くんか」と何度も聞いたんですね。

そのうち二ヵ月ぐらいたつと、三〇件ぐらいになってきて、「ＮＨＫの〇〇支局です」。別のところからも「ＮＨＫの□□局です」と北海道から山口県まで、取材がそのつど、何度も来る。そのたびに、「あのね、オレなんどもキミの会社の人間に言うてるんやで。もう四五回目やで、おかしないか」と。「オレの書いたものが、正しいか、正しくないか、それは、最後まで争えばええ話や。でも、これは、このこと自体がニュースちゃうか」と。「オレが司法担当の新聞記者やったら、オレはこのことを絶対に書くで。そういうことさえも、あんたら書かれへんのか」と、ものすごく腹が立ちました。

今回の五〇件訴訟に関して、一番腹が立ったのは、このマスコミに対してです。さらに、もう一つ。これは声を大にしていいたい。「提訴されたことを書いたのやったら、判決で勝ったことを書けよ！」。勝っとるやないけ、四七件――。頼むから書いてくれ、と。

私は、『週刊現代』のときは、四七件訴えられて、四七件勝っていますが、『週刊文春』のときも、じつはＪＲの問題を書いて、実は先月、最高裁の判決で勝っているんです。訴えられたときにさんざん、書いておいて、最高裁で勝っても書いてもらわれへんて、どういうことやねん？　という、文句ばっかりになりますが本当に腹が立ちましたので、これだけは言っておきたかったのです。

恐ろしいメディアの「沈黙」

烏賀陽　西岡さんの話を引き取るような感じですが、今回私が訴えを起こされました時、東京地裁の中にあります司法記者クラブで記者会見をしまして、あまつさえ外国人記者クラブでも記者会見をやっております。

そこまでしましても、日本のメディアからは、テレビ局からはメール一本、電話一本かかってきません。いままで一度も報道されていない。新聞は、『毎日新聞』だけが特ダネで社会面四段ほどを載せてくれまして、あと特集で一ページ使ってくれました。これがほぼ唯一の例外でした。

それでも大手メディアはみんな黙殺している。西岡さんのケースだけでも、充分異常ですよね。これは明らかに裁判制度の悪用でしょう。山田さんのケースも、斎藤さんのケースも異常ですね。同じ異常なケースが、ここにいるだけで四人もいるんですよ。それでも大手メディアは完全に沈黙している。そのことのほうが、私は恐ろしく思います。

外国のメディアでは、フランスの『リベラシオン』とイギリスの『インディペンデント』の二紙が大騒ぎで取り上げてくれて、なぜかフランスとイギリスでは私は有名人です（笑）。あまつさえ「国境無き記者団」というフランスのＮＰＯが私を支援してくださって、オリコンの小池社長に提訴取り下げを要求するコミュニケをフランス語で出した。が、どうもオリコンにはフランス語が読める人がいらっしゃらないのか、なかなか取り下げてくれない（笑）。

外国のプレスの方に、日本のプレスにはこういった「言論の危機」に際して、ソリダリティ（団結心）

が無いのか？ とよく聞かれます。彼らがいうのは、もちろん、俺たちだって『ワシントン・ポスト』と『ニューヨーク・タイムズ』で、特ダネの競争をする。けれども、こういう共通の基盤である「言論の自由」という大義が危機に曝されたら、俺たちは一緒に手を組んで闘う、というんですね。俺たちは共通の敵があったら一緒に闘う、といいます。しかしあなた方は、相変わらず読売だ朝日だと潰しあっているだけなんじゃないのか、と。私は、返す言葉が無かったですね。彼らが正しいから。それが現実ですね。これが西岡さんの話をひきとる形になりますが、僕も悲しかった。なぜ？と。

テレビ局に関しては、テレビ記者の友達に片っ端から電話をしても、「裁判記事は絵にならないから、視聴率がとれない」とか言われるんですね。「だって、ホリエモンはいっぱいとりあげているじゃないか」といいますと、「ホリエモンはキャラクターが立っているから。烏賀陽さんはキャラが全然たっていない」と言われたりして、こいつらは「ニュース感覚」が私と全然違うんだな、と思いました（笑）。

スラップというじめ訴訟

烏賀陽　また、もっとおそろしいこともありました。共同通信と時事通信から、「烏賀陽さんオリコンに訴えられましたね」という電話がかかってきました。「何かコメントありますか」ということなんですね。私は「いや、ちょっと待ってくれ」と言いました。「あんたの手元には何の書類があるのか」と聞きましたら、オリコンが発表したプレスリリースがありますというんですね。

私も実はもともと新聞記者をやっておりまして、山田さんの後輩に当たるのですが、朝日新聞で一七年間働いておりました。そこで駆け出しのころ教わったのは、民事提訴の記事を書くときは訴状を必ず入手して、それをベースに書いて、しかも、訴えられた相手の反論も両方書くというのが鉄則だと、さんざん叩き込まれた。ところが私に電話をかけてきた共同通信と時事通信という通信社は、オリコンのプレスリリースだけを見て、オリコンの言い分だけ垂れ流しました。それがヤフーニュースに配信され、あっという間にひろまった。

私の言い分は何一つ入っていない。頭にきまして、深夜でしたが、時事通信の宿直デスクに電話して、「いまから取材に来てくれ、泊まりの記者をタクシーで寄越してくれ」と言ったんですね。「俺はなんでも答える。訴状一式その他書類全部渡す」と言ったんです。時事は偉かった。泊まりのデスクが自分できました。共同通信は相変わらずの垂れ流しのままでしたが――。

それで、訴訟そのものを相手の口封じのために利用するという例が、あるのかなと思いまして、各国の事例を調べてみました。アメリカで七〇～八〇年代にかけて問題になっていることがわかりました。こうした訴訟のことを、「ＳＬＡＰＰ」(Strategic Lawsuit Against Public Participation＝市民参加を妨げる狙いをもった訴訟)、つまり提訴することで、反対運動を起こした相手に弁護士費用を負わせ、時間を食い潰させて、疲弊させて結局潰してしまうことをいいます。まあ、いじめ訴訟とかそういった感じなのです。

このＳＬＡＰＰ（スラップ）については、この言葉を考えたデンバー大学の法学部の先生が書いた本が出ています。ここに書いてありますが、スラップは、裁判に勝つことを目的にしていないんですね。最初から相手を民事訴訟にひきずりこんで、市民運動や市民運動を率いている人、あるいはジャーナリスト、酷い場合は新聞に投稿した投稿主までを訴えて、業務妨害・共謀罪・威力業務妨害などで、億ドル単位の訴訟を起こす。それによって相手を消耗させる。それがスラップです。

実は、アメリカ五〇州のうち、二五州でこのスラップが禁止されているんですね。カリフォルニア州の民事訴訟法をみますと、スラップを起こされた側は、これはスラップである、と提訴の段階で動議をまず出せる。裁判所がそれを認めれば、審理が始まらないということになります。そこで止まるんですね。提訴されたほうが裁判のために、時間やお金を浪費しなければならないという恫喝効果が無くなります。

カリフォルニア州民事訴訟法は、二〇〇一年にもう一度、スラップに関する法律を改正しまして、スラップを起こされた側は、スラップをし返していい、ということになったようです(笑)。アメリカってすごいところだな……と思いますね。

というわけで、本当は日本でも民事訴訟法に「反スラップ条項」というのが必要ではないかと考えます。私の裁判がいい例でしょう。オリコンにとっては都合のいいことに、東京地裁が提訴を受理してしまったために、私はもうかれこれ一年以上体力を消耗しているわけです。

さらに日本の判例も勉強をしてみようと名誉毀損の本をいろいろ買ってみましたら、この『新名誉毀損』(のぞみ総合法律事務所編、商事法務、二〇〇六年)という本はなんと、驚いたことに「企業価値を守るために、名誉毀損訴訟をどんどん起こしましょう」という本でした。恐ろしいことです。ご丁寧に記者会見のやりかたとか、刑事告訴のやり方も克明に書いてあります。西岡さんを訴えた人たちは、多分この本を読んだんじゃないかな、と思うんですが。

西岡　そこの事務所にも昔、訴えられたんですよ。

烏賀陽　え！　そうなんですか！　さらにびっくりしますね。釜井先生、こういう企業価値を守るとか言って名誉毀損を起こすということを実際に「メシの種」にしている弁護士さんは法曹業界でも多いのでしょうか。

釜井　多いかどうかは、ちょっと判断がつかないのですが、しかしそういう構造を利用して「売り」にしている人は一部にいるかもしれない。自分たちの事務所の「キャラ」を出すためにですね。昔から大きな企業に顧問でついているような弁護士事務所でないところは、そういったこともしますよ。というのは自分たちを大企業に売り込む一つの手段ですから。皆が皆そんなことをやりはじめると、それこそ食っていけないと思いますが、この『新名誉毀損』という本なんかは、そういう戦略のもとに作られた本ではないかと思います。

日本の裁判制度における名誉毀損訴訟

田島　引き続き釜井さんのほうからは、日本の裁判制度・司法制度に関わって今回のような訴訟のあり方の問題点なり、あるいは考えないといけない論点なりをすこしご紹介いただけますか。

釜井　名誉毀損訴訟はそういうスラップの手段になりやすい傾向がある。傾向としてだけでなく実際に武富士やその他大きな企業から利用されている。その一番大きな理由は、名誉毀損訴訟が、提訴する側は、この記事とか、この発言とか、この部分が自分たちの名誉を毀損すると指摘さえすれば、あとは損害このくらい、と決めればできることにあります。

普通の裁判では、相手が故意に自分の名誉を毀損したということだけでなく、虚偽のことを言って自分の名誉を毀損した、ということまで原告のほうで主張し、立証しなければならない。

そうなると訴えるほうは、そうとう調査をし、労力を払わなければならないので、たった一週間や数週間で訴えは起こせないのです。

そういうなかで、名誉毀損だけは、そのハードルがきわめて低いわけです。だから簡単に起こすことができます。これ自体は、刑法の名誉毀損と連関していると思うのですが、名誉毀損されているだけでいいよ、それが虚偽であることまでは言わなくていいよ、とそういうレベルで動いているところに一番大きな問題があると思います。

それを変えさせるには、法律を改正しないといけないのでなかなか困難なところがあります。しかし、法律の解釈自体を変えさせる努力はしていかないといけないですね。簡単に訴えを起こすことができるだけでなく、損害額を高額にしていくことは、企業であれば企業価値が相当に低下した、ということで簡単に言えますし、最近の株主は強く発言するので、いろんなことで株価が相当左右します。少なくとも武富士のときは、自分たちの株価が相当悪くなって動かなくなったときに、原因を探って、こんなことをいうのは誰だ？　ということになって、一週間や十日で見つけ出して、すぐその人や会社を提訴するということをしていました。株の動きとかを見ながら、株価を動かす原因となった情報がなんだったのか、そこを突き止めて名誉毀損を理由とする高額の損害賠償請求訴訟を起こし、株価の不安要因の払拭を図るということは充分にありえますね。

私はさっきの『新名誉毀損』を読んでいませんからなんとも言えませんが、その一つの流れとして、非常に利用しやすい名誉毀損、という訴訟形態を利用してジャーナリストの口封じを狙う、ということがありますね。

もうひとついやがらせ的にやろうと思えば、高額だけではなくて、次々起こすということもあります。西岡さんのケースがまさにそうですが、全国各地から次々と起こされ、何件も何件もやられれば、それは訴えられたほうは大変な負担になる。名誉毀損でやられることもあるでしょうし、名誉毀損とは別の理由で訴訟を起こされることもありえます。

この次々訴訟という攻撃形態ですが、武富士に名誉毀損で訴えられた弁護士が、武富士からやられたケースがあります。その弁護士が抱えていた多重債務者の事件で、話し合いをするような形で進んでいた事件で相当な数の事件について話し合いを拒絶され、個々に裁判を起こされた。一〇〇件も二〇〇件もの裁判を次々におこされた。それらの事件ひとつひとつに対応しなければならない事態になりました。そういった業務妨害的な裁判もあります。

田島　もちろんアメリカにも多くの問題があると思いますし、言論の自由・表現の自由が「9・11」以降、とりわけ厳しくなってきた一面もあるでしょうが、ただ広い枠組みとしては、たとえば名誉毀損訴訟について言いますと、政治家など公人に関しては、名誉毀損を認めるには日本よりもかなり制約があるんですね。つまり、表現の自由が広く保障されている。

先ほども釜井さんが言われたように虚偽であるかどうかについても、アメリカでは公人がメディアを訴えるためには、①報道内容が虚偽であること、②報道機関が嘘と知っていたか、あるいは確認取材など注意を怠ったこと、この二つを、③原告である、公人側が立証しないといけないことになっています。そこまでしないと、公人が名誉毀損でメディア相手に訴えられないような仕組みになっています。

いっぽうで、日本はまったく逆で、訴えられたメディアや表現者のほうが、①報道した事実に公共性があるかとか、②報道が公益目的であることとか、③報道に誤りがなく真実かまたは真実と信じてもやむをえない事情があったことの三つを立証しないといけない。

だからかなり公の性格を持つものであっても、自由に書けないということになっていることに加えて、訴訟高額化の問題や、次々提訴されるということが重なってきております。我々の社会はどうなっていくのか……ということになりますね。

メディアが「生き残る」ために??

田島　このなかでも、メディアのなかに不満をもっているということもわかってきましたし、それを踏まえまして、もう少し付け加えておきたいことを、少しずつお話いただこうと思います。

山田　まだまだたくさんあるのですが、やはり一番に思うのは、お互いに無関心はよくないですね。私も自分で訴訟をくらってみて初めてわかったのですが、なるほど、いままで私はあんまりそういうことを考えていなかったな、ということを思いました。

仕事は、それぞれ忙しいですが、もう少し各人が全体の状況を考えたほうがいいですね。この訴訟問題だけではなくて、メディアが日々後退してくるような状況があるわけです。

このような中で仕事をしていると、だんだんいい仕事がしにくくなってくる。私も三十数年新聞記者をやっていますが、メディア自身が後ずさりしているような感覚を覚えます。経営者は経営者なりの思いがあるのでしょうが。よく朝日新聞は「良心的な」新聞といわれていますが、「書いてはいけないなどとはいっていない。でも書くときは脇を固めて書こう」などということがよく言われます。結局、「脇を固める」ということは、一歩下がるということです。

みんなを見渡していると、あの人あんなトラブルを抱えてしまうと大変なんだろうな、居心地が悪いんだろうな、と思ってしまうと、「そういうことはやらないほうがいい、避けるようにしたほうがいい」結局、本当に攻撃をかけられている人が、社内でも「お荷物」扱いされて、それが全体の士気を低下させていく。訴訟だけでなく、広告の問題もありますし、どんどん萎縮してくる。それがいま全体状況を悪くしているのではないか、と思うんですね。結局書かない記者が、「安泰」みたいな、企業も個人も、リスクをとらない者が「生き残る」ために――最近「生き残る」という言葉がやたらと出てくるんですが――、社会的責任に目をつぶる、というのがいまの全体状況だと思うんです。

私は、役所の取材などもしましたが、皆そうですね。どうみたって「あんたらそういうことをするのが仕事じゃなかっただろ」というところが、「そうはいっても生き残ってなんぼだ」というかたちになって、メディアの中の状況もそうだし、メディアのなかで競争させられている記者もそういう状況のなかにいるのではないか。肝を抜かれている、そんな気がしますね。

萎縮なんかしてられない

西岡　さきほど烏賀陽さんが紹介された『新名誉毀損』という本、一冊目はもちろん『名誉毀損』という本ですが、のぞみ総合法律事務所、ヤメ検の矢田次男先生がやっている事務所ですが、この人は、ジャニーズやバーニングなどの芸能プロの顧問弁護士で、西武やライブドアなど話題になった事件の弁護を引き受けて、芸能事務所の記事を書くと必ず訴えてこられる、という先生です。

私は『噂の真相』時代にこの先生に鍛えられたんです。この先生は僕の「育ての親」だと思っているんですが、この先生と丁々発止をやったからこそ、いま五〇件の訴訟を抱えても闘える。

さきほどの斎藤さんの言葉じゃないですが、「いまさら萎縮なんかするかい!」なんですね。私はJRの労使問題を『週刊現代』に書くときに、条件をいくつか編集部に出しました。つまり「弁護士は自分で選ばしてくれ」と。そしてその弁護士費用は払ってくれ、という条件を出しました。それを呑んでくれたら、スタートだ、ということを言ったんですね。

私も『噂の真相』や『週刊文春』時代にも訴訟を抱えてきて、さきほど釜井先生や田島先生のお話にもあったように、立証責任がこちらにありますので、いままで名誉毀損を戦ってきた経験と、これから批判しようとしている相手の体質をよく知りつくしたうえで、連載を始める前に講談社と交渉したんですね。

結局、自衛するしかないんですね。私は誰も頼っていないし、大手資本には頭から期待していません。講談社が守ってくれるとは、これっぽっちも思っていない。そのかわり、カネだけくれたらこっちでやるから、と。そういうふうな悲惨な時代であることは確かなんです。

僕みたいに、関西出身で、交渉上手だったらいいですよ。烏賀陽さんみたいに真面目にやっているライターがこんなに苦しまなあかんのです。誰からもお金ももらえんと。僕はどっからでもお金をひっぱってきます。講談社からひっぱってこれんのやったら、別の大企業からでもひっぱってきて闘ったろかなと思ってます。つまりそれぐらい状況は悲惨なんです。

いまここでは、悲惨って話しますけれどもね、僕、こうも考えているんです。僕や烏賀陽さんや、斎藤さんみたいな「かよわきカナリア」がいじめられているときはまだ、いいんやと。そのうち、おまえらのとこにも来るからな、と。新聞にもきて、テレビにもくるからな。そのとき、泣き入れてくるなよ、と思うんです。「どうやって闘ったらいいか教えてくれ」言われても、絶対教えたらへんからな、腹くくってやれ、と思っています。こっちはそれぐらい腹くくってやっとるんや。

そういうふうな形で、いちばん弱いところからやってきます。それを、俺らは大手やから、守られているから、といっても絶対違います。会社は絶対おまえら守ってくれへん、と。そういう話です。

——烏賀陽さんがんばってください。

田島　いまの話で、私もちょっと心配なのが、『僕はパパを殺すことに決めた』の草薙厚子さんのケースですね。法務省から、ちょっと勧告されたぐらいで、講談社はもう出荷も重版もしない、というんですね。もちろん、その是非についての議論はしないといけないと思うのですが、行政がそれをやめとけと言ったからといって、「ハイ、そうですか」とやすやすと従うのはどうなのか、と思いますね。あと、西岡さんも「これから来る」という話でしたが、私は、「もう来ている」と思うんですね。「個人情報保護法」の問題でも「裁判員制度」の問題でもそうですね。もう「かなり来ちゃっている、けれどもメディアでもあまり心配されていない——」というのが、現実なのではないかと思います。

反訴という対抗策

釜井　さきほどは、名誉毀損を理由とする損害賠償請求訴訟はスラップに使いやすい、という話をしましたが、それに対して訴えられたほうの対抗策として、私たちがこれまでの三つの裁判でやってきたのは、「反訴」です。彼らの提訴自体が、不当な提訴なのだ、として、逆に損害賠償請求訴訟を起こすのです。名誉毀損訴訟で、訴えられた側が内容の真実性を立証するのはそれだけで、大変なことなんです。だから、もうひとつの不法行為の訴訟をその手続きの中でやるということは、今度は相手方の行為の違法性の立証をしないといけないし、真実であることを前提として相手を攻撃していかなければならない。ただ真実を立証しただけでは、相手の提訴が違法であるとは言えない。裁判を受ける権利というものがありますから、裁判に負けた人が必ず、賠償しなければならないということではないのです。提訴が違法になる場合というのは、最高裁がある判決のなかで基準を示しています。

どんな場合に違法になるのかというと、まず「提訴者が主張した権利又は法律関係が事実的、法律的根拠を欠くものである」ことです。名誉毀損訴訟で被告の真実性が認められて原告が負けたような場合がこれにあたります。つまり名誉毀損訴訟を起こされた被告が、真実性を立証したときが、この「欠くものである」に該当します。

しかし、それだけでは駄目で、そのうえで、「提訴者がそのことを知りながら又は通常人であれば容易にそのことを知りえたのにあえて訴訟を提起した」ことが必要です。訴訟が負けるだろう、ということ、相手方がちゃんとした真実性とか、相当性とかを裏付ける資料を出すだろうとわかっているにもかかわらず、あるいは簡単に調べればわかったであろうに、あえて訴訟を起こしたというような場合がこれにあたります。このような場合は、「訴訟提起が裁判制度の趣旨目的に照らして著しく相当性を欠くと認められる場合」にあたり、違法な提訴となって、損害賠償の義務が発生するんだ、と判例は言っています。それの典型的なものが、真実だと言われ立証されることがわかっていたのにあえて起こしたという場合です。武富士の場合、それに加えて、相手を威嚇するために提訴した、ということがありますから、裁判制度の趣旨目的に照らして、もっとひどいことになるわけです。

このようにして「反訴」を提起することは、「力」を持った側に対して、彼らがこの種の裁判を提起することを抑止する効果があると思います。確かに「反訴」を起こす側に立証責任は、あるんですが、相手が名誉毀損訴訟をおこすときに、「まてよ、相手から、真実性とか相当性を立証されたときに、戦えるのか」ということをよく検討しないと、反訴されて損害賠償で負けてしまうことになるからです。こんな「反訴」に負けると株価への影響も無視できないでしょう。

またその効果はもう一つあります。名誉毀損の裁判は、被告勝訴であっても、真実性まで認められて被告側が勝つケースはさほど多くなかったといわれています。裁判所は、真実性まで認定しなくても、その手前の「真実と認めるに相当の理由があった」というところまで認定できれば被告を勝たせることができるわけです。相当性のレベルで裁判を終わらせることができれば、あまり面倒じゃないですね。だからこれの証拠さえあれば、相当だ、とこれで終わらせるケースが多かった。

しかし、反訴を起こした場合、名誉毀損の提訴が「違法」かどうかを判断するときに、被害の表現が「真実」というのと、「真実ではないけれども真実と認めるに相当な理由がある」というのでは、全然違ってきますね。だから裁判所は、一歩踏み込んで判断せざるを得ない。「真実かどうか」ということまで含んで審議をしなければならなくなる。そういう効果があります。名誉毀損裁判では被告として勝った、でもそれは「真実と認めるに相当な理由がある」からだというのでは、なんだかそれは本人としても不本意である場合が多いと思います。裁判所に一歩踏み込ませて判断させる、そのためには反撃のために「反訴」を起こすということもあります。

ただ「反訴」するとなると、ただでさえ真実性・相当性を立証するのが大変なのに、相手方の「裁判制度を悪用している」ということまで、立証しないといけないので、若干負担は増えます。しかしこれはむしろアピール度も高まりますし、常にできるとは限らないのですが反撃の一つの方法として大変有効な方策であると考えております。

あと、企業とか法人のほうが、名誉毀損訴訟の使いやすさを利用して、スラップ的な道具として使おうとしているのであれば、ジャーナリストは常にその危険にさらされるわけですから、そのために訴えられたときの基金ですとか、カンパを呼びかけたりして、ジャーナリストのほうも「こういうことは許さないぞ」というそういう形で示していくことも必要なのではないかと、思います。そうすれば、私のような弁護士も、より……（笑）、皆が応援していてくれている、ということで積極的に受けていけると思います。実際、烏賀陽さんも困っていますから、基金的なものはあってもいいかな、と思いますね。世論に訴えていって、ジャーナリストがこういうことにあっているんだということを知らせる意味もありますね。

田島　今後どうするか、ということもふくめて釜井さんにもお話いただきましたので、みなさんにも、これからどうするか、課題はなにかということをお話いただきます。

ジャーナリストの連帯を

烏賀陽　今日、私は山田さん、西岡さん、斎藤さんと席を同じくさせていただいて、思ったんですが、山田さんは経済というフィールドで、ＲＣＣにしても政治家とのつながりにしても、「ダーク・マター」といいますか、誰もが手をつけたがらない巨大で危険なものに切り込んでいかれておられます。西岡さんもこれまた説明の必要もない特ダネ記者である。彼も、ちょっと相手にするには怖いな、というダーク・マターに平気で挑戦される。斎藤さんも、キヤノンの御手洗でもそんなものへっちゃらだ、というガッツのあるかたです。私はもっとヘナチョコなんですが、このフロントランナーであるお三方を血祭りにあげさえすれば、――一人でも血祭りにあげれば、残りの九九人のジャーナリストは沈黙するんですね。

だから、そういう人たちが、ちゃんと選ばれているんだな、と。私はへなちょこなので、僕を訴えてもあんまり波及効果は無いんですが……（笑）。そういう意味で訴える側は、やはり「一罰百戒」ではないですが、コイツを黙らせれば、あとは全員黙る、という人材を選んでやっていますね。西岡さんがさっき、カナリヤとおっしゃいましたが、あれは炭坑につれて入るカナリヤですね。酸素不足になると、まずカナリヤがコロンと落ちる……。カナリヤが落ちていることを無視して、炭坑夫が仕事を続けると、彼らも死んでしまう。

こうやって同じような訴訟を起こされた、四人がいまここにいます。日本の裁判制度は民主主義を守るためにあると信じていますが、もちろん現実にはいろいろな妥協とか、矛盾とかがあるのを知っています。私は、山田さん、西岡さん、斎藤さんの書かれていることが百パーセント、神様の知る真実なのかは、わからない。けれども、我々は、みな、神様の知る真実に近づこうとして、九〇パーセント・九二パーセント・九五パーセント……と努力をしているわけです。そのことを置いておいても、話の真実性ということを置いておいても、その努力を、本来民主主義を守るためにある、民事裁判を使って発言を封じようというのは、反民主主義的だと思います。これは、今日どうしても言っておきたかったことの一つです。

西岡　釜井先生がさっき、言われた反訴も考えています。それはただ私がお金がほしいというよりも、まあ、もちろんくれるもんは貰いますが、こういうふうな前例をやっておいて、やられっぱなしで残すと、具合悪いやろ、と。私の手間はかかりますよ、でもきっちりと、こういうのは残さない。さらに反撃された、ということを合わせて残したほうがいいんちゃうかなっていま、検討しています。

山田　訴訟に勝つ、これにつきますね。あと、社内的に訴えているのは、いま『朝日新聞』では、「戦争と報道」という連載をやっています。ここには、朝日新聞のなかでもいい記者が、参加しています。彼らにも言っているのですが、戦争のことを書くのはいいが、で昔のことをいま、やっている状況か？　と聞いています。同様のことが、いま、起こっている。そのことから、目をそむけてはいけないんじゃないか、と。

　昔のことを分析する。距離を置いて反省することは大事ですが、同じことをいま起きているそこに引きつけて現実を示す、ここが勝負じゃないかな、と訴えています。

　私が訴訟に勝つ、というのは私にとっても、世の中にとっても大事なことです。ジャーナリズムが、いまどんな状況に置かれ、いま何が起きているのか。警告を発していくのが一番の仕事じゃないか。その共感を自分たちと読者の人たちと分かち合えるのか――これに尽きると思います。

田島　ありがとうございました。まだまだお話したいこともありますし、また、異論をもたれているかたもあると思いますが、いずれにしてもこういう問題、こういうテーマで、自由闊達な議論を我々の市民生活のなかで豊かにくり広げていきたいですね。私は「ジャーナリズムがどうなるか」という問題は、最後の最後では、企業でもなんでもなくて、ひとりひとりの記者・制作者、ジャーナリストが、どういう思いをもって、自分の一番やりたいことをやれるか、いわば「ジャーナリストの自由」ということが最大の保障になるだろう、こう思っています。

　ですから、そのためにどういうことが我々にできるだろうか、そういうことかなと思っています。メインストリームのメディアの人たちは、これはいろいろ大変なことや、制約もあると思いますが、もう少し頑張ってもらいたいです。やろうと思えばやれることがあると思いますね。

　今日、これだけ現場で頑張っているジャーナリストのひとたちが、個別にいろいろやられてきましたが、企業を超えたジャーナリストの連帯というものも、できたらそういう組織も日本でできないだろうか、ということも課題のひとつとして考えます。個としての自由を追求しながら、そういう結集の場もつくっていく必要もあるかと思っています。今日きていただいて私たちに勇気を与えてくれた、ジャーナリストの方たちに最後に大きな拍手を送りたいと思います。ありがとうございました。

〔追記――山田厚史〕

安倍事務所の秘書三名が私を訴えた裁判は、〇八年二月に和解を見た。最終弁論の直後、裁判官より和解の方向が出された。原告の安倍事務所側は、山田が一札を入れれば、訴訟を取り下げる意向だという。これに対して、こちらから「山田の発言の中に原告が誤解する表現があったとしたら、遺憾である、と表明する」という文案を提示。山田はテレビ発言で秘書のことなど言及していないが、それを秘書たちが誤解したなら、残念なことだ、という意味である。予想に反して、安倍事務所側はこれを了承。事実上の「全面勝訴」だが、後味の悪さが残った。安倍元首相にとって訴訟を継続する意味は無くなっていたのだ。

〔解説〕各訴訟のあらまし

①〈原告〉安倍事務所秘書＊〈被告〉山田厚史氏／朝日新聞社

二〇〇七年三月二五日、朝日新聞記者・山田厚史氏が、テレビ朝日「サンデープロジェクト」で「日興證券には安倍事務所にすごく強い常務がおられて、その人が今度これをやって将来社長だなんていう噂がね、ありますよ」と発言したことについて、五月一七日、安倍晋三首相（当時）の秘書三名が、山田氏と朝日新聞を名誉毀損で東京地裁に提訴、損害賠償三三〇〇万円の支払いと、朝日新聞紙上への謝罪広告の掲載を求めた。

訴状は、山田氏の発言は、「あたかも『安倍事務所に影響力のある日興證券の常務が同事務所の秘書らに働きかけて、本来日興コーディアル證券は上場廃止になるべき事案であったにもかかわらず、同事務所の秘書らによって上場廃止が防がれた』という印象を一般視聴者に強く与えるものだが、これは全くの事実無根であり、原告らの社会的評価を下げたとする。

山田氏は被告陳述において、この提訴の不可解な部分として、次の四点を指摘した。①番組を制作し放送したテレビ局の責任を問わず、朝日新聞を訴えたこと。②テレビ局に謝罪や措置を求めず、朝日新聞というテレビとは異なった媒体に謝罪広告の掲載を求めたこと。③同じ趣旨の発言を他のコメンテーターもしていたにもかかわらず、山田氏だけを提訴したこと④秘書に言及していないのに、秘書から訴えられたこと。

一方、訴状は、一般視聴者は、山田厚史氏が、朝日新聞編集委員の肩書きで発言したからこそ信用するとして、朝日新聞の影響力の大きさ故に、放送したテレビ朝日ではなく、朝日新聞社から損害を受けた、朝日新聞は山田氏がテレビに出演して発言することを認めたことで使用者責任がある、と主張している。

②〈原告〉ＪＲ東労組・ＪＲ総連・松崎明氏など＊〈被告〉（株）講談社／西岡研介氏

『週刊現代』は、フリージャーナリストの西岡研介氏をライターにたてて、二〇〇六年七月から二〇〇七年一月にかけ、二四回にわたって、「テロリストに乗っ取られたＪＲ東日本の真実」を連載。ＪＲ東日本の労働組合であるＪＲ東労組が革マル派の支配の下にあり、ＪＲ東日本がこうした労働組合との癒着を深め、列車の安全運行にも影響が出ていると批判。これに対して、二〇〇六年八月に、ＪＲ東労組・ＪＲ総連・ＪＲ東労組大宮地本副委員長梁次邦夫氏の三者が連名で講談社と西岡氏を相手取り名誉毀損で提訴。続いて、二ヵ月後の同年一〇月に、松崎明氏（元ＪＲ東労組委員長・会長・顧問）が提訴。後にＪＲ総連副委員長四茂野修氏が、連載記事をまとめた単行本『マングローブ——テロリストに乗っ取られたＪＲ東日本の真実』を取り上げて提訴した。

これと並行して、全国のＪＲ総連の関係者四七氏が別個に、同じく講談社・西岡氏を相手に、第一回から第一三回までの連載記事を取り上げて、二〇〇六年九月から二〇〇七年一月にかけて、名誉毀損訴訟を本人訴訟で起こした。訴えはいずれも、連載の第四回「ついに『置き石事件』発生 乗客の生命が『人質』にされた！」をとくに取り上げ、この記事は、ＪＲ東労組・ＪＲ総連が列車妨害をはじめとする犯罪行為を繰りかえしている集団であるという印象を読者に抱かせるが、それは全く虚偽

テロリストに乗っ取られたJR東日本の真実

第1回 現役最高幹部「命をかけた内部告発」

政界・財界・官界・マスコミ界を巻き込む平成ニッポンに残された最大にして最後の禁忌《タブー》。一日の利用客1600万人、社員6万5000人を擁する世界最大級の公共交通機関は、盗聴、盗撮、住居侵入から殺人まで目的のためには手段を選ばない非合法集団にいかにして侵されていったのか。われわれ乗客の生命すら脅かされかねないその病巣を抉る、驚愕のノンフィクション連載がここにスタートする——。

「革マル派」による支配

西岡研介（ジャーナリスト）

かつて「JRの妖怪」と呼ばれた松崎明氏▲

▲32万人に影響が出た山手線の線路陥没事故（4月24日発生・写真左）と、JR東日本の松田昌士相談役（左上）、大塚陸毅会長（左下）、清野智社長（右下）

『週刊現代』2006年7月29日号

であり、JR総連ならびに加盟単組及び所属組合員の名誉を毀損するものであると主張している。（六三ページの資料を参照）

③〈原告〉オリコン（株）＊〈被告〉烏賀陽弘道氏

雑誌『サイゾー』（株式会社インフォバーン発行、二〇〇六年四月号）が、「ヒット曲のウソ① 初登場第一位は底上げか!?ジャニーズは超VIP待遇!?事務所とオリコンの蜜月関係」（編集部執筆）と題した記事を掲載した。このなかで同記事は、編集部によるフリージャーナリスト烏賀陽弘道氏への電話取材をもとに、オリコンのヒットチャートにはレコード販売店への予約数が入っていることから、レコード会社による操作可能な数字であるということなどを、烏賀陽氏の発言のかたちで執筆、掲載した。

資料

11.29 シンポジウム参加者の皆様に――私たちはなぜ西岡研介氏を訴えたか

列車妨害の犯人と言われ鉄道労働者として黙っていられるか

全日本鉄道労働組合総連合会（JR 総連）

本シンポジウムのチラシを見て、西岡研介氏が発言者の一人であることを知り、驚きました。チラシには「『週刊現代』に JR 東日本の実態をえぐる連載をしたところ、JR 東労組やその組合員から 40 件以上の名誉毀損訴訟を起こされる」と西岡氏が紹介されています。シンポジウムについては、「言いがかり的に訴えられをジャーナリストが集まり、専門家を交えて話し合う会を開きます」と書かれています。そして集会名称は「恫喝訴訟で口封じ ?! 表現の自由を考える 11・29 シンポジウム」です。

本シンポジウムに西岡氏は「JR 東労組やその組合員」から「言いがかり的に訴えられ」、「恫喝訴訟」により「口封じ」された被害者として参加していると考えざるをえません。また「JR 東労組やその組合員」は、恫喝訴訟によって口封じをはかり、表現の自由を奪う加害者として、オリコンや武富士、安倍前首相の秘書と同列に扱われているのです。このような異常な設定の下で、労働組合の主催により本シンポジウムが開かれていることに、私たちは強い違和感を覚えます。主催者との話し合いにより、西岡氏との訴訟をめぐる JR 総連の見解を、このような形で明らかにさせていただきます。

1. 権力を持つ者や経済力のある企業が、自分の都合の悪い事実を暴く言論を封じようとして裁判を起こすようなことは許されません。しかしマスメディアが労働組合に対して事実に反する非難を、悪意をもって行うとき、それに対抗して裁判を起こすことまで、表現の自由の侵犯に含めるのは誤りだと私たちは考えます。
2. 一例をあげれば、『週刊現代』で西岡氏は次のように書きました。
「なぜ､JR 総連は発表されていない置石事件の詳細を知っていたのか。犯人はわからない。しかし、この事件には、かつて凶悪カルト集団『オウム真理教』が弄した『自作自演』という恐ろしい言葉を連想せざるをえない。」

「われわれ一般乗客の知らないところで、恐るべき事態が進行している。一歩間違えば大惨事に繋がるような悪質な列車妨害が、頻発しているのだ。犯人は捕まっていない。しかし、一連の手口を検証すると、テロリスト集団による組織的な犯行としか思えないのだ。」

これは 24 週にわたって続いた「テロリストに乗っ取られた JR（東日本）の真実」という連載記事の 4 回目と 10 回目の記事のリード部分からの引用です。ここで言う「テロリスト」が革マル派と目された JR 総連や JR 東労組の役員・組合員を指していることは一見して明らかでしょう。
3. 私たち JR 総連の組合員は、日々列車の安全な運行のために、神経をすり減らして働いています。それが列車妨害の犯人扱いされて黙っていられるでしょうか。西岡氏は『週刊現代』宛の JR 総連の度重なる公開質問状にも、まともに答えていません。だから乗客から罵声を浴びたり、家族から心配された数多くの組合員が、本人訴訟の形で各地で訴えを起こしたのです。慣れない裁判を、お互いに連絡をとりあって進めてきたのです。残念ながらほぼすべてが敗訴に終わりましたが、それは記事が当該組合員個人に向けられていないなどの理由によるもので、西岡氏の記事の正当性を認めるものではありません。
4.　この本人訴訟を『週刊現代』誌上で「濫訴」「言論封殺テロ」と非難し、「あなたがた一人一人に対し、損害賠償請求訴訟を起こすつもりだ。手元に、私の訴状が届くのを、楽しみに待っていて欲しい」（連載 21 回）と書いた西岡氏の態度こそ、「恫喝訴訟」と呼ぶにふさわしいのではないでしょうか。

【連絡先】141-0031 東京都品川区西五反田 3-2-13 電話 03-3491-7191

ヒット曲のウソ①

紅白落選1位の仕上げ戦か!?

ジャニーズは超VIP待遇!? 事務所とオリコンの蜜月関係

約30年にわたって人気を維持し続けているジャニーズ事務所。だが、その人気は、巧みなメディア操作にあるという。特にオリコンのランキングについては、こんな疑惑がつきまとっている……。

右ページのジリキ座談会でも言及されているように、強気な交渉で、テレビ界でのライバル潰しに成功してきたジャニーズ事務所。また、雑誌メディアにおいては、アイドル誌は言うに及ばず、「抱かれたい男ランキング」で木村拓哉が毎年1位を獲得する「anan」（マガジンハウス）など女性誌との蜜月関係も有名だ。

さらにある疑惑が囁かれているのが、オリコンとの関係である。ジャニーズタレントの新曲は、発売されるたびに上位にランキングされるが、実際の売り上げと、かなりの乖離があるのではないかというのが、週刊誌である（オリコン側は、この事実を否定）。

『J-ポップとは何か』（岩波新書）『Jポップの心象風景』（文春新書）などの著書・烏賀陽弘道氏は、「日本には、長くオリコンしかヒットチャートが存在しなかったため、その統計学的な正確さが過大評価されがちです。まず第一に、オリコンは予約枚数もカウントに入れている。予約だけ入れておいて後で解約するカラ予約が入っている可能性が高いのです。『オリコン初登場1位』などという文言は、その後の宣伝に使えます。『オリコンの数字はある程度操作が可能だ』というレコード会社員の話も複数聞いたことがあります。そもそもオリコンは不思議な団体で、『オリコン独自の統計手法だ』と言い張ってその方法をほとんど明らかにしないんですよ。ふつうの統計調査は、その手法を細かく公開して、その信頼性に疑問が挟む余地がないことを強調するのが当たり前です。それをしないで公開されたデータは、統計学的な信用度が低いと自分で言っているようなものです」と語る。

試しに、06年2月の、オリコンチャートとPOSデータで集計を取っているサウンドスキャンを例に、ジャニーズタレントの週刊ランキングを比較してみた。2月7～13日の週では、タッキー&翼の「VENUS」（週間販売枚数45954枚）は、オリコンシングルチャート2位だが、2月6～12日の週のサウンドスキャンでは15位（週間販売枚数13573枚）とふるわない。そのほか、TOKIOの「Mr.Traveling Man」の順位もそれぞれ、オリコン初登場1位（2月14～20日）、サウンドスキャン第31位（2月13～19日）と、大きく異なる。確かに他の所属事務所のアーティストと比較して順位に差があるようだ。

ジャニーズ事務所は、メディアの評価を作為的に高めることで、「ジャニーズタレント＝人気がある＝カッコいい＝売れている」というイメージを消費者に刷り込んでいるようにも見える。このような刷り込み戦略の成功が、長きにわたって人気を維持してきた秘訣かもしれない。ただ、気になる点といえば、ジャニーズと蜜月関係にあるメディアが、オールドメディア化しつつある点だ。同事務所のネット嫌いは周知の事実だし、「ディスクの売り上げ枚数＝人気の指標」という常識は終わりつつあります。音楽を運ぶメディアがディスクからネットに大幅に移行し始めているため、着メロや通信カラオケ、ダウンロード販売といった数を見なければ、本当の意味での人気はわからなくなってきている」（烏賀陽弘道氏）という指摘も耳にする。ジャニーズの凋落がはじまるのか、更なる栄華を築き上げるのか、今後の成り行きに注視していきたい。

words by Cyzo

51 サイゾー APRIL 2006

『サイゾー』2006年4月号

ヒットチャートの発行会社オリコンは、この内容がオリコンのヒットチャートの信用性を損なう名誉毀損にあたるとして、二〇〇六年一一月一七日、インフォバーン（『サイゾー』の発行会社）、あるいは、記事を執筆した『サイゾー』編集部ではなく、烏賀陽弘道氏個人に対して、損害賠償額五〇〇〇万円の支払いと、『サイゾー』誌への謝罪広告を要求して、東京地裁に提訴した。

原告のオリコンは烏賀陽弘道氏個人を訴えた理由として、烏賀陽氏が以前からその内容に確信を持って同趣旨の発言を積極的に展開し、将来にわたってもくり返される可能性が高く、社会的影響力の大きいことから、としている。また、表現の自由について、「表現の自由は絶対ではなく、他者の名誉・プライバシー等の人格権・財産権への適正な配慮を行い、それとのバランスにおいて尊重される」とし、「名誉毀損訴訟……の提訴あるいは提訴の可能性が、……表現活動に抑止的効果……を及ぼすことはある意味やむを得ないことである」（答弁書）と主張している。

短期集中連載人物ノンフィクション

最終回 キヤノン 御手洗冨士夫 代表取締役会長

“格差社会”経営の正体

社史から「消えた」創業者と あの「七三一部隊」との関係 “タブー”を追うと見えてきたもの

日本経団連会長にして安倍前首相の“財界総理”として、超優良企業を動かす71歳を丸裸にする

ジャーナリスト 斎藤貴男

石井部隊の張本人が恩師

『週刊現代』2007 年 10 月 20 日号

④〈原告〉キヤノン（株）／御手洗冨士夫氏（キヤノン会長）＊

〈被告〉（株）講談社／斎藤貴男氏

『週刊現代』二〇〇七年一〇月二〇日号は、フリージャーナリスト斎藤貴男氏執筆の「短期集中連載人物ノンフィクション最終回 キヤノン御手洗冨士夫代表取締役会長 社史から『消えた』創業者とあの『七三一部隊』との関係」を掲載した。記事は、御手洗冨士夫氏の叔父で産婦人科医（のちの初代キヤノン社長）の御手洗毅氏が、一九三七年に博士論文として京都帝大医学部に「肺刺激性ガスの妊娠に及ぼす影響に関する実験的研究」を提出したが、それは毒ガス戦を念頭に置いたものであり、指導教官の清野教授は七三一部隊・石井四郎隊長の恩師にあたることなどを指摘している。

この記事について、キヤノンの御手洗冨士夫会長（日本経団連会長）ならびにキヤノン（株）は、名誉毀損にあたるとして、発行者の講談社と執筆者の斎藤貴男氏を相手に、各自一億円（計二億円）の損害賠償と謝罪広告を要求して、東京地裁に提訴した。

原告のキヤノンと御手洗氏は、記事の内容自体については否定することなく、「不正確きわまる表紙記載、見出し、小見出しを付した」ことや写真の効果により、「全体としては、原告キヤノンの初代会長である御手洗毅自身が、あたかも七三一部隊と密接な関係があったとの強い印象を読者に与えている」「何らの裏付けなくキヤノンと七三一部隊との密接な関係を読者に印象づけようとしている」として、その結果、原告キヤノンならびに御手洗冨士夫の社会的評価を貶めていると訴える。

訴状は、「週刊誌の場合、新聞広告、雑誌の表紙を見るだけで内容を理解した気分になる人も多く、また雑誌を買ったとしても、見出しだけを見て、記事を読まない人も多い」として、週刊誌の読まれ方の特徴に言及している。

第2部　シンポジウムが投げかけているもの

どう考えても不条理

［ジャーナリスト］北　健一

カフカの「変身」ではないが、世の中にはどう考えても不条理だと思うことがある。オリコン訴訟も、そのひとつだ。

私は、おもにフリーランスの友人たちと、大手消費者金融・武富士が乱発した高額な名誉毀損訴訟とたたかったことがある。同社はジャーナリスト山岡俊介さんらを盗聴し、山岡さんがその事件を追及したら「会社の名誉が損なわれた」と訴えたりしていたのだからめちゃくちゃだったが、それでも同社が訴えたのは、記事を書いた筆者やそれを掲載した媒体の出版社であって、取材源ではなかった。

同社の濫訴を司法は「言論抑圧目的の違法提訴」と断罪したが、オリコンはそれと比べてもひどい。武富士でさえやらなかった「取材源の狙い撃ち」をしたからだ。

ある日突然取材を受け、自分の意に反した形で記事に使われた人にまで損害賠償責任を負わせれば、今後、やっかいな問題について取材に応じる人がほとんどいなくなり、社会的報道はもちろん市民の知る権利も制約されてしまう。

そこで、武富士裁判を支援した多くのフリーランスは、烏賀陽さんの支援にも参加することになった。本書に収められたシンポジウムは、フリーランスのユニオン・出版ネッツを媒介にした、その動きの延長に実現したものでもあった。

当日の熱気は、いまも記憶に鮮やかだ。山田厚史さん、斎藤貴男さん、西岡研介さん、そして烏賀陽さん。不正を暴き権力を震撼させてきた日本を代表する記者たちが次々と訴えられている現実には愕然としたが、会社も働き方も超えて心あるジャーナリストや出版人が自分の問題と感じて駆け付けたことに、身体の奥から勇気が湧いてきた。

シンポジウムの数日後、ある全国紙記者からメールが届いた。「書くべきことを書いて裁判になるのはまだいい。私は何度も、記事になる前に上司に止められている」。

それは私にも経験がある。多方面に取材を尽くしてきちんと裏を取り、表現にも留意するのはメディアとして当然のことであり、記者の職能でもある。報道被害を防ぐ努力も不可欠だ。

だが、どんなに正しい記事でも、否、正しい記事だからこそ逆上し訴えてくる企業や団体というのも存在する。トラブル回避を至上化すれば、頑として非を認めず批判封じを図る乱暴な奴らが高笑いすることになりかねない。

二〇〇七年二月一三日に開かれたオリコン訴訟の第一回口頭弁論で、烏賀陽さんはこう述べた。「ジャーナリストという職業に誇りを持っているのは、この職業が唯一真実に忠誠を誓っているからだ。裁かれているのは私ではなく、表現の自由を侵害しようとしているオリコンである。裁判所の良識を信じている」

11・29シンポに参加するとともに、〇八年二月一九日に結審したオリコン訴訟をすべて傍聴した経験から、この時代に記者をすることの意味をかみしめている。

（きた　けんいち）

メディア規制を内側から誘発する《口封じ》訴訟

［ジャーナリスト］米田綱路

言論の自由を危機にさらすのは、いまや公権力だけではない。ジャーナリスト個人を狙い撃ちにし、彼らのペンを鈍らせ、折らせようとする《口封じ》訴訟が横行し、言論の自由を脅かしている。メディア規制三法をはじめ、国民投票法などの諸悪法が相次いで成立し、メディア規制の包囲網がますます狭められていく一方で、それは個々のジャーナリストの精神そのものにさし込み、直接手をかけようとする。「民事」に名を借りた、古くて新しい口封じの手法である。

いま私たちが直面している〈敵〉は、ジャーナリストが取材・執筆したルポや記事、書物を対象にしたメディア規制というよりも、その取材・執筆を支える姿勢を萎えさせようとする、口封じの正体である。それは、情報の受け手には見えにくく、ジャーナリストは孤独な闘いを強いられている。《口封じ》恫喝訴訟が注目される大きな契機となったのは、消費者金融大手・武富士がジャーナリストを相手どって乱発的に起こした名誉毀損裁判である。周知のとおり、武富士の実態を暴く記事を書いた三宅勝久氏や、「週刊金曜日」をターゲットにしたケースだ。このように〈敵〉は、新聞や放送、出版などの媒体のみならず、ジャーナリスト一人ひとりを狙い撃ちにし、個人ではとても背負いきれない高額の賠償請求を振りかざして、威嚇的に脅す。

そうなればジャーナリストは、大変な経済的負担を強いられる。とりわけ、取材をもとに原稿を書き、紙（誌）面化されてようやく報酬を得ることができるフリーのジャーナリストにしてみれば、いったん狙い撃ちにされるや、仕事の傍らで訴訟準備に多大な労力を割かねばならず、しかも、莫大な弁護費用を負担せざるをえない。その間、まさに生活を直撃され、経済的に追い詰められる。《口封じ》訴訟は、ジャーナリストと媒体との関係にもつけ込み、ゆさぶりをかける。実は、ジャーナリストの闘いの相手は、〈敵〉だけとは限らないのである。むしろそこにこそ、《口封じ》訴訟がメディア規制を内側から誘発していくという、言論の自由の真の危機があるといってよい。

つまり、媒体の企業側にとって、《口封じ》訴訟をしかけられそうなテーマの記事は、経済的負担を増すお荷物になってしまい、できれば避けたい。そこには、〈敵〉を避けようとする組織防衛の論理が働く。ジャーナリストの側も、紙（誌）面化されるには（つまり仕事になって原稿料を得るには）、その論理を無視できない。それゆえ、〈敵〉の問題に切り込む取材や記事は、自主規制しがちになる。

潤沢な資本力を振りかざして提訴してくる、こうした〈敵〉の《口封じ》訴訟の主目的は、日銭で生きるジャーナリストが、こうして書かない（書けない）ように仕向けることにある。

いま、メディア規制の内実はさらに進行し、情報源への威嚇も目立つ。これは公権力による弾圧だが、草薙厚子『僕はパパを殺すことに決めた』をめぐる問題もその例である。奈良地検は、草薙氏に検事調書を見せた情報提供者とされる精神科医を逮捕し、関係先を強制捜査した。これだけでも情報源の萎縮効果は絶大だが、深刻なのは、一部の公共図書館が閲覧を中止し、版元が重版をとりやめて、自主的に本の回収をしたことだ。威嚇の効果は、こうしてメディア規制や自主規制、情報源の萎縮などを相乗的に引き起こし、言論の自由を遮断していくのである。口封じと威嚇を前に、踏みとどまれるか。〈敵〉は外からのみならず、自分の内からも襲ってくる。

（よねだ　こうじ）

言論・出版の自由を考える論点
――ブックレットをよりよく理解するために

田島泰彦

これまで読み進めていただいて、読者の皆さんはどのような感想や意見をもたれたでしょうか。ジャーナリストの表現の自由、言論の自由がこの国で大変深刻な状況に立ち至っていることがよくわかったと思います。ここでは、それも踏まえて、一連のジャーナリストへの提訴の背後にあるより本質的で、基本的な論点を整理し、このブックレットで提起された問題の意味や含意をより深く掘り下げてみたいと考えます。

1　表現・メディア規制という意味合い

今回のシンポジウムで報告してもらった、ジャーナリストがその活動に関わって報道等の関係者などから訴えられるという事態は、すぐれて報道・表現の自由に深く関わる問題であり、とりわけこの間激しくなってきた表現・メディア規制の文脈の中で考える必要があります。戦時的な言論統制の問題については、イラクに派遣された自衛隊に対する取材・報道規制を例に、シンポジウムでも詳しく紹介しましたが、放送局を指定公共機関として政府の有事体制に組み込む有事法制の枠組みもこれに加えるべきでしょう。

表現・メディアを規制する動きは、こうした軍事や有事を理由とした「こわもて」の言論統制だけではありません。市民の権利や保護を大義名分としつつ、その実、表現やメディアを巧みに規制し、制限するという手法も目につくようになってきました。その代表格が、二〇〇三年に可決成立した個人情報保護法で、その運用はまさに匿名社会を跋扈させ、公務員も含む公共的、公益的情報を隠蔽し、市民の知る権利を不当に狭める役割を果たしつつあります。これに続いて、人権擁護法案や青少年有害環境法案も上程の機を窺っていますし、裁判員制度を間近に控え、事件や裁判についてジャーナリズムの取材・報道を狭め、制限する動きも強まりつつあります。

ジャーナリストが裁判に訴えられるという本ブックレットで取り上げたようなこうした動きは、裁判という形をとったジャーナリズムへの介入、規制という客観的な意味を伴うものであり、以上のような一連の表現・メディア規制の文脈の中で、その一環としての役割を担う可能性を秘めています。

2　表現の自由を狭める裁判所

ジャーナリストに対する一連の提訴の背景、要因として、裁判所が表現・報道の自由への介入を広げ、言論の自由を狭め、法的制裁を強める傾向が追い風となっている事情がある、と私は考えています。裁判所は、本来法の番人として、時には違憲法令審査権さえも発動して、人々の人権を救済、擁護する役割を担わなければならず、その中には個人の名誉・プライバシーなどの報道される側の人権はもとより、人間の人格的発展や民主社会の維持に必要な表現の自由も大切に守る使命があります。ところが、最近の裁判所はこうした表現の自由に対して厳しい司法判断を示すようになってきました。

出版の差し止め

たとえば、戦前を思い起こすまでもなく、政府が出版物の検閲を行うなどということは、表現の自由を抑圧するもっとも危険な行為であり、憲法で明確に禁止されているにもかかわらず、日本の裁判所はかなり安易に出版物への差し止めを命ずる傾向にあります。二〇〇二年には、柳美里さんの小説「石に泳ぐ魚」について、モデルとされた女性が名誉侵害などを理由に出版の差し止め等を求めた訴訟で、最高裁は出版の差し止めなどを命じた東京高裁の判決を是認する判断を示しました。

また、田中真紀子さんの長女の離婚などに関する記事を掲載した『週刊文春』について、長女側が販売等の差し止めの仮処分を裁判所に求めたことに対して、二〇〇四年、東京地裁はまず販売等を差し止め、次に文春側の異議申し立ても却下しました。結局、文春側が仮処分命令の取り消しを求め、東京高裁が地裁決定を覆し、差し止めを認めない判断を示して決着しました。日本を代表する週刊誌に対して、裁判所がプライバシー侵害を理由として出版の差し止めを命ずることの是非が問題とされた前代未聞の出来事でしたが、最終的には覆されたとはいえ、差し止めを認める司法判断が二度にわたって示されたことは重大です。

損害賠償の高額化

裁判所がメディアやジャーナリストを対象とする訴訟に際して、高額の損害賠償を命ずる司法判断の傾向も表現の自由を脅かす意味をもっているということについては、シンポジウムの私の問題提起で既に触れていますし、この間の高額判決のリストも別に資料として掲げておきましたので、参照してください（八〇ページ以下）。その背景には、一連の規制立法などともかかわって、与党や政治家などのプッシュを受け、最高裁や裁判官の研究会がこれに応ずるなど、表現・メディア規制という政治的ファクターが窺える点については「問題提起」（一九ページ以下）で指摘しておいた通りです。

異常なのは、高額化を推進する側がアメリカなどと対比しながら高額化を唱えているのに、前提とされるべき表現・報道の自由の範囲をアメリカ並みに広げる方向での議論は一切なく、高額化という点だけが一人歩きしていることです。シンポジウムでも指摘したように、アメリカでは「現実の悪意」という法理が確立されていて、虚偽であるかそれに注意を払わず報道したことを政治家など公人の側が立証しない限り名誉毀損の責任を問えないとされ、公共的な言論の自由が広く認められているのです。これに対して、日本の名誉毀損法制では、メディアやジャーナリストの側が公共性、公益性、真実性ないし真実相当性という三つもの要件を立証しなければならず、大変重い負担を強いられ、表現・報道の自由が狭められているのに、高額化の議論ではこうした表現・報道の自由を改善し、広げていくという課題はまったく手付かずのままです。これでは表現の自由は狭いまま高額化を推し進めるということになるわけですから、表現規制、メディア規制の思惑が露骨と言わざるをえません。

ここでは詳しく触れられませんが、裁判所の判断傾向は、以上のような差し止めの容認や損害賠償の高額化だけでなく、他にも名誉毀損判断における真実性や相当性などの免責要件の厳格化、プライバシー判断における個人情報への肥大化など、表現の自由や報道の自由を狭める方向で介入・規制マインドをますます強めつつあります。

3　メディア（報道）と市民（人権）の課題

今回のジャーナリストたちへの一連の提訴が取材・報道による名誉やプライバシーなど市民の人権という枠組みで収まる問題かどうかいろいろな面で議論の余地があります。そこでは、ジャーナリストやメディアがいい加減な取材、報道等を行い、対象となった個々の市民の人権や人間の尊厳が乱暴に傷つけられ、侵害されたというより、社会の真実を追求するジャーナリストの活動に不都合を感じる企業や組織、社会的強者たちが裁判という形を取ってこれに対抗し、ジャーナリズムや表現の自由、報道の自由と緊張関係をもたらすという場面のように感じられるからです。ですから、「報道と人権」、「メディアと人権」というテーマでメディアと市民の枠組みに今回の問題を括るのは正確ではないと思います。

しかし、ジャーナリストに対する今回の提訴がこういう背景や雰囲気の追い風も受けて、あるいはこれも援用、利用して行われているのも確かですし、冒頭で触れた表現・メディア規制の動きも、メディアによる市民の人権侵害問題に対する市民の不信感をバックに進められていることもありますので、ここで少し触れておくことにしたいと思います。

特に、一九八〇年代半ば頃から、今また問題になっている「ロス疑惑」報道や、その後の松本サリン事件、東電女性社員殺害事件、和歌山の毒入りカレー事件など、取材・報道による市民の人権・プライバシー侵害の問題が大きな社会的関心を呼ぶようになりました。いわゆる「報道と人権」、「メディアと市民」などと呼ばれる問題です。このため市民はメディアに対する不信を強め、これに乗じて立法などによるメディアへの公的規制や司法による表現の自由規制などが勢いを強めている、という構図がここに見られます。

もちろんメディアも、こうした市民的な課題についてこれまで何も取り組んでこなかったわけではありません。たとえば、一九九七年、ＮＨＫと民放連が放送界の共同の人権救済機関として「放送と人権等権利に関する委員会」（ＢＲＣ）を設置しましたし、二〇〇〇年、毎日新聞が複数の外部識者からなる「開かれた新聞」委員会を発足させ、読者からの苦情等の公正で透明な解決が取り組まれることになり、こうした第三者機関設置の動きは中央紙、地方紙、通信社でも広がりつつあります。民放連と新聞協会はまた、二〇〇一年には、メディア・スクラム（集団的過熱取材）の防止・対応策をそれぞれ取りまとめ、具体的な取り組みを強めつつあります。

雑誌や出版の領域では、放送や新聞などのようなフォーマルな人権侵害の救済や第三者的な異議申し立て機関はまだできていませんので、今後の課題として残されていますし、こうした自主的な制度がどれだけ有効な役割を果たしているのか、問題も少なくないのも確かです。とはいえ、こうした自主規制の試みと経験は、メディアに対する市民のアクセスを広げ、強めるだけでなく、権力による表現・メディアに対する不当な介入と統制のための口実を取り除く上でも、貴重な役割を期待されています。

ただ、この間のメディアの自主規制、自主・自律の状況を眺めてみると、批判的な吟味が求められているのも事実です。たとえば、映画「靖国 YASUKUNI」をめぐって右翼団体などの圧力を恐れた「自粛」のゆえに、映画館が次々に上映を中止しましたが、これはまさに自己検閲に他ならず、自主規制の名のもとに正当化するのは許されません。裁判員制度の導入を睨んで、最高裁の強い要請に促されて、新聞協会や民放連が取材・報道に関わる自主ルールを策定したのも、自主規制の名による権力の介入、規制の一つの表れでもあります。放送法改正による新たな行政処分導入の回避のために、放送界が放送倫理検証委員会を設置したのも、本来の自主・自律というより、権力に強いられた他律の側面が強く窺えます。

こうした権力などの他律による自主規制や自粛を安易に受け入れることは、表現の自由やジャーナリズムの観点から望ましくないことは明らかです。メディアは、現場や市民とも連携して、真に自発的で主体的な自主・自律を貫き、推し進めていくことが求められています。

4　オリコン訴訟判決と情報提供者の責任

このブックレットも扱われているオリコン訴訟に関する東京地裁判決が、本の校了近くの二〇〇八年四月二二日に示されました。判決はオリコン側の請求を認めて、烏賀陽さんに一〇〇万円の損害賠償の支払いを命じ、他方、烏賀陽さんの反訴の請求は棄却するというもので、オリコン側の全面勝訴、烏賀陽さん側の全面敗訴、という厳しい結果となりました。烏賀陽さんはこの判決を不服として、控訴して高裁で全面的に争うとしていますが、ここでは、情報提供者の不法行為責任を広く認めた裁判所の判断に限って、少し触れておきます。

この裁判は、メディアの発行者や記事を書いた編集者を訴えることはしないで、取材に応じた情報提供者だけを名誉毀損で提訴するという、ほとんど例をみない裁判です。その重要な論点の一つが、コメントを寄せた情報提供者の責任をどう判断するかというものでした。この点、裁判所は、「一般に、出版社からの取材に応じた者は、出版社が独自の裏付け取材や編集作業を行ったうえで記事を掲載するものと考えるのが通常であって、自己のコメント内容がそのままの形で掲載されることは予見していないのが通常である」との原則は認めつつも、例外として、「出版社からの取材に応じた者が、自己のコメント内容がそのままの形で記事として掲載されることに同意していた場合、又は、自己のコメント内容がそのままの形で記事として掲載される可能性が高いことを予測しこれを容認しながらあえて当該出版社に対してコメントを提供した場合」には、名誉毀損の責任が生ずるとの判断を示し、烏賀陽さんのケースはこの例外にあたると断じました。

情報提供者等による上記のような「同意」や「予測」に関する裁判所が提示した基準は、今回の烏賀陽さんのケースでも示されているように、かなりあいまいで広範に及ぶ余地があり、情報提供者等の名誉毀損責任を過剰に広げる司法判断と言わざるをえません。第1部での私の問題提起でも示したように、これでは、報道やジャーナリズムの実態を支える不可欠な情報源が広く遮断され、それへの回路が狭められ、枯渇されることを容認し、報道、表現の形骸化と萎縮をいっそう促進、助長する役割を果たしてしまいます。表現の自由とジャーナリズムの原則にのっとった高裁での司法判断が期待されるゆえんです。

［参考文献］

表現・メディア規制については、私が書いたブックレット『この国に言論の自由はあるのか――表現・メディア規制が問いかけているもの』（岩波書店）を参照されたい。

また、「報道と人権」については、私も編集に加わった以下の文献を検討のこと。『新版・報道される側の人権』、『報道の自由と人権救済』（ともに明石書店）、『表現の自由とプライバシー』（日本評論社）。

資料　言論・メディア関係高額判決リスト

＊ 名＝名誉毀損、感＝名誉感情毀損、信＝信用毀損、肖＝肖像権侵害、プ＝プライバシー侵害、損＝損害賠償

賠償金額（下線付は確定）	種類＊	一審原告	一審被告メディア	裁判の経過（裁判所、年月日、賠償金額、☆＝謝罪広告付）			対象となった記事等
1980万円（確定）	名	医療法人林田会・林田実（理事長）	ＦＯＣＵＳ（新潮社）	東京地裁 2003/4/15 1320万円	東京高裁 2003/10/30 1980万円（原判決変更）	最高裁２小 2004/10/1 1980万円（上告棄却）	交通死亡事故での巨額保険金への不自然な関与があると指摘した写真記事
1100万円	名	梅津知敏・美登子	週刊文春（文藝春秋）	東京地裁 2006/9/28 1100万円	東京高裁 2007/8/6 1100万円（控訴棄却）		福岡一家殺害事件の被害親族が捜査陣の標的にあるとした記事
990万円	名	医療法人林田会・林田実（理事長）	週刊新潮（新潮社）	熊本地裁 2002/12/27 990万円☆	福岡高裁 2004/1/29 990万円☆（控訴棄却）		交通死亡事故での巨額保険金の不自然な関与があるとした同社の『ＦＯＣＵＳ』を紹介する記事
920万円	名	賀川トシコ・洋・真（別府大学名誉教授遺族）	週刊文春（文藝春秋）	大分地裁 2003/5/15 660万円☆	福岡高裁 2004/2/23 920万円☆（原判決変更）	最高裁１小 2004/7/15 920万円☆（上告棄却）	考古学者の遺跡発掘調査に捏造疑惑があるとした記事
880万円	名	医療法人林田会・林田実（理事長）	東京スポーツ他（東スポ新聞社）大林高士（ジャーナリスト）	熊本地裁 2003/4/17 880万円			交通死亡事故で保険金殺人の可能性が大きいと指摘した記事

880万円	名	日動画廊	週刊新潮 （新潮社） 月刊政界往来 （政界往来社）	東京地裁 2006/9/15 880万円			元社員の供述を基に、鑑定能力への疑問や贋作作りを報じた記事
800万円	名	鮎川純太	週刊ポスト （小学館）	東京地裁 2007/6/25 800万円☆	東京高裁 2007/11/1 和解成立	— — —	離婚原因に触れた女優・杉田かおるの手記
770万円	名 肖	龍円愛梨 ・テレビ朝日	週刊現代 フライデー （講談社）	東京地裁 2001/9/5 770万円☆	—	—	入社前の経歴記事とともに水着写真を二誌に掲載
770万円	名 プ	梅津知敏・美登子	週刊新潮 （新潮社）	東京地裁 2005/8/29 330万円	東京高裁 2006/2/28 770万円 （原判決変更）	最高裁２小 2006/8/30 770万円 （上告棄却）	福岡市の一家殺人事件に関し、捜査当局からの嫌疑があるかのように報じた記事
770万円	名	関佐代子	週刊文春 （文藝春秋）	東京地裁 2005/10/20 770万円			元ホテル経営者の生命保険疑惑を報じた記事
700万円	名 損	杉良太郎 ・伍代夏子 ・杉友 （所属事務所）	特冊新撰組 （竹書房）	東京地裁 2003/3/3 700万円			杉良太郎、伍代夏子夫妻の家庭事情、所属事務所の問題を指摘した記事

賠償金額	種類＊	一審原告	一審被告メディア	裁判の経過			対象となった記事等
660万円	名 信	重田康光（光通信代表取締役）	週刊新潮 FOCUS（新潮社）	東京地裁 2003/7/25 660万円			子会社の株価操作疑惑を報じた「週刊新潮」記事と、関連企業がソープランドを買収したとする記事
660万円	名	梅津知敏	FRIDAY（講談社）	東京地裁 2005/7/27 880万円☆	東京高裁 2005/11/30 660万円（原判決変更）		福岡一家殺害事件の捜査陣資料に「黒幕」として掲載されている人物の存在を仮名で指摘
660万円	名	安田志郎（堀ちえみの元夫）	毎日放送 やしきたかじん	大阪地裁 2006/12/22 660万円	—	—	芸能人の男運についてのトーク番組で堀ちえみさんの離婚に言及
650万円	名	長野厖士（元大蔵省証券局長）	週刊現代（講談社）	東京地裁 2001/10/16 650万円			背任の容疑者や官界工作の仕掛け人と親しい関係にあり、接待を受けていたなどとした記事
600万円	名	清原和博	週刊ポスト（小学館）	東京地裁 2001/3/27 1000万円☆	東京高裁 2001/12/26 600万円（原判決変更）	—	練習姿勢を批判し、ストリップ・バーに出入りしたとする記事
600万円	名	桑田真澄	週刊現代（講談社）	東京地裁 2001/9/21 600万円☆	東京高裁 2002/3/28 600万円☆（控訴棄却）		野球賭博に絡む「八百長疑惑」や暴力団との「黒い交際」などを指摘した記事や新聞広告

600万円	名	山室寛之 （読売巨人軍球団代表）	週刊現代 （講談社）	東京地裁 2001/10/10 600万円☆			セ・リーグ会長就任に失敗ことなどで渡辺恒雄オーナーから怒りを買ったなどと指摘した記事
550万円	名 肖	藤田憲子 （二子山親方夫人）	ＦＲＩＤＡＹ （講談社）	東京地裁 2001/12/19 550万円			不倫指摘記事でヌード写真を掲載
550万円	名	ディーエイチシー ・吉田嘉明 （代表取締役）	週刊文春 （文藝春秋）	東京地裁 2002/2/26 170万円	東京高裁 2003/9/9 550万円 （原判決変更）	最高裁１小 2004/2/26 550万円 （上告棄却）	女性従業員に不快感を催す言動があったり、不公平な人事労務管理をしていたなどと指摘した記事
550万円	名	ネクサス （番組制作会社）	週刊新潮 （新潮社）	東京地裁 2005/4/19 550万円☆	東京高裁 2005/9/28 550万円☆ （控訴棄却）	最高裁２小 2006/3/27 550万円☆ （上告棄却）	鑑定番組の収録で裏金を受け取ったり、ロシア取材参加の鑑定士に窃盗疑惑があるとした記事と広告
550万円	名	日本障害者 スポーツ協会 ・北郷勲夫 （同代表）	週刊現代 （講談社）	東京地裁 2006/11/7 550万円			障害者スポーツを牛耳るなどとして障害者団体の代表としての資質を問題にした記事
550万円	名	ＪＡＳＲＡＣ	週刊ダイヤモンド	東京地裁 2008/2/13 550万円			ＪＡＳＲＡＣの著作権使用料徴収・配分の不透明さの疑惑を指摘した記事

賠償金額	種類＊	一審原告	一審被告メディア	裁判の経過			対象となった記事等
500 万円	名	尾崎繁美 （故・尾崎豊の妻）	永島雪夫 （ジャーナリスト）	東京地裁 2000/2/15 500 万円☆	東京高裁 2001/8/28 500 万円☆ （判決一部変更）	最高裁２小 2002/2/8 500 万円☆ （上告棄却）	急死した夫の殺害に関与していたなどと指摘した記事
500 万円	名 感	大原麗子	女性自身 （光文社）	東京地裁 2001/2/26 500 万円	東京高裁 2001/7/5 500 万円 （控訴棄却）	—	私生活の奇矯な行動を指摘した記事
500 万円	名	大阪経済法律学園 ・呉清達 （大阪経法大教授）	週刊文春 （文藝春秋）	大阪地裁 2001/7/16 500 万円			金正日の「直属スパイ」と指摘した連載記事
500 万円	名	野中広務	日刊ゲンダイ （日刊現代）	東京地裁 2001/7/18 500 万円☆			政敵攻撃のためのスキャンダル工作疑惑の風評を紹介した記事
500 万円	名 プ	叶恭子 （美容研究家）	佐藤茂	2001/9/19 東京地裁 500 万円			過去の結婚歴等や私生活を指摘した単行本と週刊誌の記事
500 万円	名	黒川紀章建築都市設計事務所 ・黒川紀章	週刊文春 （文藝春秋）	東京地裁 2001/10/22 1000 万円	東京高裁 2002/7/18 500 万円 （原判決変更）	最高裁３小 2004/6/22 500 万円 （上告棄却）	恐竜をデザインした橋に市民の不満があるとの記事

500万円	名	創価学会	週刊新潮 （新潮社） 乙骨正生 （ジャーナリスト）	東京地裁 2001/12/3 500万円☆	東京高裁 2002/6/27 500万円☆ （控訴棄却）	最高裁2小 2002/11/22 500万円☆ （上告棄却）	創価学会がダミー会社などを用いて再開発地域の地上げを行っているなどとした記事及び、これを論評したフリージャーナリスト
500万円	名	亀井静香	週刊新潮 （新潮社）	東京地裁 2002/2/26 500万円☆			逃亡中の許永中被告と旅館で密会したとの記事
500万円	名 信	朝日新聞社	週刊新潮 （新潮社）	東京地裁 2004/9/17 150万円	東京高裁 2005/3/8 500万円 （原判決変更）	最高裁2小 2005.6.24 500万円 （上告棄却）	「天声人語」でインターネットなどからの盗用があったと報じた2件の記事
600万円	名 プ 肖	アルゼ （遊技機メーカー）	鹿砦社	東京地裁 2006/1/16 300万円	東京高裁 2006/9/13 600万円 （原判決変更）	最高裁2小 2007/2/2 600万円 （上告棄却）	遊技機メーカーを批判した書籍
500万円	名	木村剛 （元金融庁顧問）	週刊現代 （講談社）	東京地裁 2006/1/26 500万円			日本振興銀行の営業免許取得の便宜を図ったことで収賄罪が成立するとした記事
500万円	名	筒井信隆 （民主党議員）	週刊ポスト （小学館）	東京地裁 2007/1/17 500万円☆			郵政民営化をめぐり、自民党の推進派と「談合」し、法案通過後に「打ち上げ」をしたなどと報じた記事

注）　このリストは、名誉毀損などを理由にメディアやジャーナリストなどを被告とした訴訟で、500万円以上の損害賠償金を命じた裁判所の判決を額の高い順に記した一覧表である。500万円以下であっても、200万円以上、300万円以上の損害賠償額を示した判決例は膨大な数に達するが、ここでは紙数の関係で省略した。

作成＝田北康成（フェリス女学院大学非常勤講師）、千命載（上智大学大学院博士課程）

編者

田島泰彦
上智大学文学部新聞学科教授

日本マスコミ文化情報労組会議（通称MIC）
新聞、印刷、放送、出版、映画、演劇、広告、音楽、コンピュータ産業の労働組合（8万人）の共闘組織。言論・出版・表現の自由を守り、発展させる活動をしている。平和と民主主義を各産業の存立基盤と位置づけ、産業課題の実現と労働条件の向上をめざしている。
〒113-0033 東京都文京区本郷4丁目37-18 いろは本郷ビル2階
TELL03-3816-2988 FAX 03-3816-2993

日本出版労働組合連合会（出版労連）
1953年結成の日本で唯一の出版関連産業別労働組合（6500名）。版元、取次、書店、プロダクションの労働組合が加盟するとともに、フリーランスが個人加盟している。
〒113-0033 東京都文京区本郷4丁目37-18 いろは本郷ビル2階
電話 03-3816-2911 FAX 03-3816-2980

ジャーナリストが危ない――表現の自由を脅かす高額《口封じ》訴訟

2008年5月30日　初版第1刷発行
2008年8月1日　初版第2刷発行

編者	田島泰彦・MIC・出版労連
発行者	平田　勝
発行	花伝社
発売	共栄書房
〒101-0065	東京都千代田区西神田2-7-6 川合ビル
電話	03-3263-3813
FAX	03-3239-8272
E-mail	kadensha@muf.biglobe.ne.jp
URL	http://kadensha.net
振替	00140-6-59661
装幀	神田程史
印刷・製本	中央精版印刷株式会社

ISBN978-4-7634-0518-0 C0036